本书出版幸承2016年宁夏回族自治区哲学社会科学（教育学）项目“宁夏本科层次农村全科小学教师培养模式研究”（16NXJB19）、2016年宁夏回族自治区项目“教育学原理专业硕士学位点质量提升计划”（YXW201610）的资助

宁夏大学西部一流教师教育学科系列丛书

交往视角下大学课

质性研究
——以西北地区两所大学为例

马 丽 著

科 学 出 版 社
北 京

内 容 简 介

本书首先对“交往”“教育”及其关系进行了理论思辨，论证了“教育即交往”的教育本质观，提出教育应被理解为在交往中帮助师生成长和发展的实践活动，而大学课堂生活作为高等教育的实践场域是否体现了这种教育本质观呢？本书以西北地区两所大学为例，以课堂时间（课前—课中—课后）为纵线，以教室和教学活动为横切面，围绕师生交往、生生交往、师师交往，通过观察、访谈、深描、案例等质性研究方式，呈现并分析了以交往为视角的大学课堂生活的各种形态。

本书可供教育理论研究者、高校师生及高校管理人员参考和借鉴。

图书在版编目（CIP）数据

交往视角下大学课堂生活的质性研究：以西北地区两所大学为例 / 马丽著. —北京：科学出版社，2021.5

（宁夏大学西部一流教师教育学科系列丛书）

ISBN 978-7-03-068102-7

Ⅰ. ①交…　Ⅱ. ①马…　Ⅲ. ①高等学校-课堂教学-教学研究　Ⅳ. ①G642.421

中国版本图书馆 CIP 数据核字（2021）第 030920 号

责任编辑：卢　淼　黄雪雯 / 责任校对：贾娜娜

责任印制：李　彤 / 封面设计：铭轩堂

科学出版社 出版

北京东黄城根北街 16 号

邮政编码：100717

http://www.sciencep.com

北京虎彩文化传播有限公司 印刷

科学出版社发行　各地新华书店经销

*

2021 年 5 月第　一　版　开本：720×1000　1/16

2021 年 5 月第一次印刷　印张：12 1/2

字数：230 000

定价：89.00 元

（如有印装质量问题，我社负责调换）

丛书序

党的十九大报告明确提出，要加快一流大学和一流学科建设，实现高等教育内涵式发展。随着我国世界一流大学和一流学科建设高校及建设学科名单的公布，全国“双一流”建设正式拉开帷幕。在国家“双一流”建设背景下，西部地区各省区的许多地方院校结合自身实际，提出了建设西部一流大学、西部一流学科的战略构想。宁夏回族自治区党委和政府也结合实际，提出了“集中建设一批优势特色学科和重点专业，把宁夏大学办成西部一流大学”的总体要求。宁夏大学根据自治区一流大学和一流学科建设精神，提出分A、B两个层次，分别建设国内和西部一流学科的要求，教师教育就是西部一流教育学科建设的任务之一。宁夏大学对西部一流教师教育学科提出了明确要求：提升教师教育人才培养和研究能力，引领自治区基础教育快速发展。

为扎实、有效地推进宁夏大学西部一流教师教育学科建设，宁夏大学教育学院高度重视，从团队建设、平台建设、访学交流、社会服务、人才培养和成果产出六个方面提出了具体措施，其中成果产出是很重要的一方面内容。为了产生一批高质量学术成果，教育学院组织教师教育理论、教师教育课程教学理论、教师教育心理学理论和教师教育信息化方向的研究人员积极开展相关研究，产出了有分量的系列研究成果，并组织翻译了国外学者的相关著作，汇集为丛书出版。这对推动我国教师教育研究和实践具有重要意义，也是宁夏大学教育科学研究水平和学科特色的一次集中展示。

《教师教育学论稿》一书认为，新中国成立以来，特别是改革开放以来，我国教育学科实现了快速发展，但在教师教育学领域的研究成果并不多，特别是从实践领域来思考教师教育科学化方面的著述不多，将教师教育学与教师教育哲学结合起来进行思考和研究的著述更不多见。鉴于此，作者结合个人工作和研究经历，从教师教育的本质、教师教育价值论、教师教育认识论、教师教育人性论、教师教育功能论、教师教育的合理性问题六个方面对教师教育学进行了具体研究。

《教师混合式学习研究》一书系统论述了“互联网+”条件下中小学教师的混合式学习问题。采用网络等现代远程教育手段开展教师学习是“互联网+”思想在教师教育领域的重要体现，它有效地解决了教师教育的工学矛盾、学习规模、灵活性等问题，已成为教师专业发展的未来趋势和研究热点。该书对中小学教师混合式学习进行了系统、全面的论述和分析，回答了什么是教师混合式学习、为何开展教师混合式学习、如何开展教师混合式学习等问题。

《学校积极心理：教师实践指南》（译著）一书通过大量实际调查，分析了积极心理在学校教育中的运用原理。研究发现，针对学生在课堂上的不良行为，教师采用积极反馈和消极反馈产生了不同的影响。该书总结了教师在课堂上可采用的积极策略：要确保教师的指令清晰明了；指令应指向那些做出积极反馈的学生；对学生下达任务后，要经常性地加以提醒确认；学会处理学生的不恰当行为。考虑到学生的个体差异，该书针对不同性别、不同学习能力的学生，探讨了相应的积极教育方法。作者还分析了积极教育方法在提高阅读、写作水平和数学教学质量等方面的作用，以提升学校的教育教学水平。

《思维导图在中小学教学中的应用》一书通过在小学四、五、六年级的大量实践研究，验证了思维导图能够成为教师与学生之间互动、进行小组合作学习的桥梁，也可以成为学生构建、梳理和整理知识点，培养高级思维能力的有效工具。该书提出：一方面，要利用思维导图等可视化工具引发学习过程的可视化和教学过程的可视化；另一方面，提倡在教学过程中重视让左脑和右脑同时参与学习过程，让学习过程成为创造能力培养的过程。

《小学英语课程与教学法》一书主要包括课程理论、教学实践、教学科研三方面内容。课程理论部分主要介绍小学英语课程性质、内容、基本要求、目的与意义，解读了小学英语的新课程标准，介绍了国内外主要的英语教学流派；教学实践部分主要探讨教学内容、基本技能、小学英语教学技能方面的问题；教学科研部分主要讨论教师专业发展背景下小学英语教师如何做科研，如何成为研究型教师。

《农村小学全科教学有效性研究》一书梳理了国内外全科教学有效性的研究成果和全科教学的历史演进，对小学全科教学有效性进行理论建构，对农村小学全科教学现状进行考察。该书以学生全面发展为全科教学的指导思想，以整体统整为全科教学目标设计的核心思想，以有机融合为全科教学内容组织的基本方式，以自主建构为小学生学习的基本方式，以关注过程为小学生学习评价的基本导向，制定了农村小学全科教学有效性的标准。

《交往视角下大学课堂生活的质性研究——以西北地区两所大学为例》一书运用理论分析和思辨研究方法，提出了课堂是教育目的与教育理想的实践场域，大学课堂生活是大学教育教学的主阵地，理想的大学课堂生活应注重课堂中“人”的存在与发展等思想观点。作者提出大学课堂要以交往为立足点，以日常生活为背景，以专业生活为核心，以现实社会生活为源泉，使师生在此场域中自由地进行心灵对话、情感认同和思想碰撞，进而使教育回到“育人”与“成人”的原点。

丛书是宁夏大学教育学院多位学术骨干根据自己的学习和研究专长多年思考和研究的结果，有较高的理论水平和实践意义。我们期待这些成果能在教育理论研究与教育改革实践领域发挥应有作用。教师教育研究是一个历史性过程，也是现实性问题，教师教育研究没有终点。由于各人生活时空的局限性，每个人对问题的把握不可能尽善尽美，或者说每个人对问题的认识只能是一个接近和趋向事实的过程。我们欢迎读者提出宝贵意见和建议，以帮助各位作者进一步修订、完善相关内容，为提高我国教师教育研究水平做出更大的贡献。

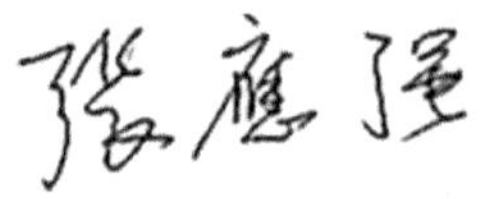

2020 年 4 月 13 日于华中科技大学

序

教育研究首先要回答的问题是“什么是教育”，由于这个问题不仅仅涉及本体论，而且涉及认识论、价值论，不同的回答体现着研究者不同的立场和文化背景。当然，对这个问题的回答也直接关涉研究者所追寻和践行的教育理想。回溯历史可以看到，中西方教育理论界在教育之于人的成长发展问题上有一致性的认识，即都以人心向善为价值取向，将教育理解为为人、育人和成人的活动，强调其有意识地影响人的身心发展、促进人的全面发展的本质。

人不是一个封闭的存在，而是未确定化的、有待发展和完善的存在，人在与自然、社会及他人的交往中逐渐认识、理解生活世界，并以自己的行动不断达成与生活世界的“共生”。基于此，教育应被理解为在交往过程中帮助个体认识、积累、发展和成就人的本质，最终实现“成人”目标的实践活动。

课堂是教育目的与教育理想的实践场域，大学课堂生活是大学教育教学的主阵地。提高大学课堂生活质量是提高大学教育教学质量的核心要素，也是提高大学人才培养质量及达成育人、成人的教育目的的关键。课堂中人的发展与存在不是一个“单项运动”，大学课堂中还存在其他丰富、复杂并以潜在影响力存在的各种“文本”，师生是课堂中以“人”的形态存在的生命体，教室中的各种设施以及教师和学生手中的各种教学材料是以“物”的形态存在的、为教学服务的媒介。同时，大学课堂是生活于教室中的人与物围绕教学活动相互交往的背景和产物，师生在这个过程中学习知识、掌握方法、获得能力并在其中产生感悟和体验。因此，理想的大学课堂生活应注重课堂中“人”的存在与发展。

深受技术理性的影响，大学课堂生活充斥着交往异化现象。由于物资设备的限制和对物资设备丰富交往功能的遮蔽，教师和学生之间的交往受其牵绊，人与人之间的交往悄悄地被中介物所替换。大学师生、师师、生生间的交往中存在一些充满功利色彩的、以获取成绩或完成某项具体任务为鹄的交往形态，很多具有丰富教育价值的大学课堂生活的交往媒介仅仅充当了工具性角色。一些大学师生的课堂交往呈现出交往手段化、片面化、数字化等特征，失去了课堂交往自由、平等、自觉的本性。

理想的大学课堂生活的构建取决于生活于其中、扮演着不可替代的专业角色的人——大学教师、大学生和为师生服务的大学管理者，他们在通过交往体现大学精神的实践过程中占有举足轻重的地位。为此，要以交往为立足点，以日常生活为背景，以专业生活为核心，以现实社会生活为源泉，使师生在此场域中自由地进行心灵的对话、情感的认同和思想的碰撞，通过自由、自觉的交往与行动，以实践行动来印证教育即交往的本质属性，感悟交往视角下大学课堂生活所承载的教育理念，让教育回到育人、成人的原点。

马　丽

目　录

从书序（张应强）

序

导论 ……………………………………………………………… 1

第一章　交往、教育与交往及课堂生活 ………………………… 17

第一节　交往 ……………………………………………………… 17

第二节　教育与交往 ……………………………………………… 21

第三节　课堂生活 ………………………………………………… 26

第二章　交往视角下大学课堂生活的研究构架 ………………… 37

第一节　分析框架 ………………………………………………… 37

第二节　研究设计 ………………………………………………… 38

第三章　大学课堂生活的本质 …………………………………… 45

第一节　交往、教育、生活世界三者的本质及关系辨析 ……… 45

第二节　课堂生活的本质探寻 …………………………………… 48

第三节　对技术理性化的大学课堂生活的批判 ………………… 60

第四章　生活在"教室"中——发生在课前的交往形态分析 …… 63

第一节　教室的物理环境与交往效率 …………………………… 64

第二节　徒有四壁的大学教室与教室内部环境中的线性交往……66
第三节　交往在课前悄悄开始……68

第五章　交往贯穿在大学课堂教学活动中（上）……87

第一节　大学课堂上“提问与回答”的不同表现形式……87
第二节　讲授——另一种教学交往方式……124

第六章　交往贯穿在大学课堂教学活动中（下）……131

第一节　“务虚”的合作学习——大学课堂中的生生交往……131
第二节　被异化的几种大学课堂交往形态……134
第三节　大学课堂中的“潜规则”……143

第七章　延伸至大学课堂外的教学活动与交往……151

第一节　“有去无回”的大学作业……151
第二节　走样的大学考试……155

第八章　大学课堂生活重构……159

第一节　重视交往……159
第二节　回归生活世界……161
第三节　在行动中建构惯习……162

附录……177

附录 1　学生访谈提纲……177
附录 2　N 大学听课记录表……178
附录 3　X 大学教学观摩听课记录表……179
附录 4　N 大学×学院教学督导工作管理办法……180
附录 5　X 大学教学督导委员会工作条例（修订稿）……182
附录 6　N 大学期末考试（查）试卷……184

后记……185

导　　论

一、交往：大学课堂生活的新视界

大学教育是中小学教育之后的专业教育，在人的发展中扮演着不可或缺的重要角色，对社会发展也具有重要影响。大学教育依然具有学校教育的基本性质，要遵循基本的教育教学规律，但大学教学与中小学教学又有所不同，它具有自身的一些特点。潘懋元先生将大学教学的特点概括为三点："第一，在教学中认识世界和改造世界相统一；第二，在教学中认识已知与探索未知相统一；第三，在教学中认识的综合性与专业性相统一。"[①]并且，大学的教学对象大多是处于青春期的年轻人，这个年龄阶段的大学生有其独特的身心发展特征，大学阶段是他们逐步从依赖走向独立、进入成人社会的关键时期，在个体一生发展中占有重要地位。此外，大学教师要在教学和科研中实现自己的专业发展。大学课堂作为学校教育教学的主阵地及师生体验美好学校生活的主要时空，是大学教师实现自身专业发展的主要场所，大学课堂生活质量不仅直接影响学生和教师的成长与发展，同时还对社会的未来发展具有潜在的重要价值。因此，提高大学课堂生活质量是一个需要解决的实际问题，是一个关系到大学生活世界的现实问题，更是一个关系到大学精神实现的关键问题。特别是在我国高等教育规模迅速扩张的背景下，对这一问题进行深入探讨具有迫切的现实需要。

本书以交往视角去研究大学课堂生活的基本判断是在大学课堂中，教与学的关系为"知不足""知困"的统一，实质是"知不足然后能自反""知困然后能自强"。师生在大学课堂生活交往中获得共同发展是大学课堂生活的基本目的，而要达到这个目的，基本途径就是要了解"学者有四失"，使"教者必知之"，从而提高教育品质；实现"教学相长"，进而改变学校教育生态；让大学洋溢着丰富多彩的生活气息，最终实现教育的终极目的。

---

① 潘懋元：高等学校教学原理与方法. 北京：人民教育出版社，1996年，第110-118页

那么，置身于新时代的大学课堂生活是否体现了教育的本质？是否实现了大学精神？……本书将对这些问题进行探究。

（一）对理想的课堂生活的追问

走进教育的日常生活是当下教育理论研究的共识。教育研究走到今天依然处于“尴尬”“困境”等被言说与批评的境地，无论是理论界有关教育本质属性的大讨论①，还是一线实践领域与教育理论之间的脱节、滞后等矛盾，我们需要将这些纷争悬置起来，回到教育的原点，回到教育的日常生活中探寻教育本质。

教育的日常生活的主要场所是学校，而学校日常生活的主阵地在课堂。课堂是学校最常见也是最细小的组织形态，作为学校的核心工作，教学基本上都在课堂中进行；作为教师，每天的工作基本都围绕课堂展开；作为学生，课堂生活是其学校生活的主要部分，他们在校期间的大多时光是在课堂度过的。尤其在学前教育日益被重视、九年义务教育基本普及、高等教育逐渐走向大众化的今天，可以说课堂生活陪伴我们从一个孩童走过幼年、少年甚至是青年。自踏进学校大门的那一刻起，课堂生活就成为我们生命中不可或缺的一部分，课堂是我们离开家庭进入学校这个教育组织后的主要生活场所。从这个意义上说，课堂生活不仅关乎个人（包括学生和教师）的身心健康发展，而且也影响个人在每个阶段的学校生活品质，乃至影响学校的教育质量。因此，作为教育者，我们必须追问：什么样的课堂生活才能使学校中的每个人都健康发展？换言之，如何才能真正实现理想的课堂生活？

“如果一种生活是人类行动能力所能够实现的，那么就是一种可能生活。”②如果一种课堂生活通过师生共同的实践活动能够实现，那么它便是一种可能的课堂生活。但问题在于，可能的课堂生活并不等于我们所要寻找的理想的课堂生活。理想的课堂生活是课堂中的主体通过自由、自觉的实践活动而实现的，是一个总体上让师生都满意的生活状态和秩序的集合，这种课堂拥有无限的可能性，但最为重要的是——它是教育活动的核心追求在教学活动中的真实反映。因此，理想的课堂生活并不是一个抽象的概念，而是通过分析教育的本质属性能够把握的实践活动。至此，我们发现，若要通过课堂生活展现美好的学校生活及可能的教育

① 有关教育本质的大讨论中，有较大影响的教育本质属性的观点有“生产力说”“上层建筑说”“双重属性说”“多重属性说”“社会实践说”“培养人的社会实践活动说”“社会化活动说”“特殊范畴说”等。

② 赵汀阳：论可能生活——一种关于幸福和公正的理论（修订版）. 北京：中国人民大学出版社，2010 年，第 22 页

生活，就需要我们从教育本质开始，一步步进行探寻。

（二）对教育本质的探寻

“教育是什么”和“什么是教育”一直是教育领域的重大话题。前者注重从教育的内涵揭示教育本质；后者侧重讨论教育的外延，是教育内涵反映的本质属性之对象的总和，即指教育对象的范围。从教育理想与教育现实的角度来讲，“教育是什么”蕴含着人们对理想教育的追寻，而“什么是教育”则是对教育现实的实践与反思。对这两个问题的回答相互交织，共同指向教育本质。

从词源分析来看，在古汉语中，“教”和“育”最开始是两个不同的词，是分开使用和解释的。东汉许慎的《说文解字》载：“教，上所施，下所效也。从攴，从孝。”“育，养子使作善也。”后有学者对甲骨文中“教”字的写法做了分析，“攴”“孝”指教学内容、教学对象、教学手段等，“學”字上面的“爻”最初指数字，后引申为学习一切事物。[①]也有学者认为“攴”的意思是教师手拿一根棍子，教学生如何摆弄算筹，如果学生摆弄错了或懒惰了，则会被老师惩罚。[②]在西方，“教育”一词最初由希腊语演变为拉丁语“educar”，并逐渐分化为英语、法语、德语等不同语种中的词汇及释义。在拉丁语中，前缀“e”意为“出”（out），“ducatus”意为“引导”。后来英语中的“education”一词意为“把……引导出来”。所以，在西方的词源分析中，“教育”被释义为“把受教育者内在的，诸如天资、禀赋、能力、知识、智慧、美德等引导出来”[③]。从词源分析来看，中西方最初对“教育”的理解有较大差异：西方侧重将教育理解为通过适当的方式、方法、途径、媒介、手段，将儿童内在的潜力、天资、禀赋、知识、能力、智慧、美德引导出来的过程；东方侧重将教育理解为在教育者的监管及督促下，儿童学习外在于自己的知识、技能、美德等。虽然我国古代也有孔子等教育思想家提出“学、思、行结合”，“不愤不启、不悱不发”，“因材施教”等教育主张，但我们的传统文化多强调从上而下、由外及内、统一等观念。认识指导行为，中西方教育观念的不同导致中西方在教育、教学观念和行为上存在一些差异。

任何一个词语存在于特定的文化之中，都有其特定的内涵，如果仅从词源角度进行解读，无法完全认识教育的本质属性，还需要通过梳理古今中外思想家、

① 王贵民：从殷墟甲骨文论古代学校教育. 人文杂志，1982 年 2 期，第 21-29 页

② 朱启新：从甲骨文字看殷商时期的教育. 教育研究，1982 年 11 期，第 18-22 页

③ Gallie W B. Essentially contested concepts. Proceedings of the Aristotelian Society, 1956(56): 167-198

哲学家、教育家对教育本质的讨论，才能较为全面地把握教育的本真意涵。

自有人便有教育，教育与人的生活天然同构。受制于手段的有限性，人类早期的生产、生活经验都是通过人们之间的口耳相传延续下来的，田间地头、庠序等场所是天然的“课堂”。此时，人们对教育的认识主要停留在经验和习俗水平，还没有形成系统的理性认识，对教育的一些认识主要散见于一些哲学家、思想家，如中国的孔子、孟子、朱熹以及西方的苏格拉底、柏拉图、亚里士多德、昆体良等的哲学及思想著作中。这些思想家的共同之处在于他们还未对教育做出一个较为理性、系统的认识或解释，但这并不遮蔽他们对教育的深刻洞见。例如，孔子的“愤启悱发”和苏格拉底的“产婆术”就是让学习者在面对面的情境中，通过对问题原点的不断追问做出积极的、主动的回应，从而得出对这个问题的理解。孔子及苏格拉底的教育思想体现了教育的本真，揭示了教育是有目的地影响人身心发展的实践活动的内涵与本质。近代的教育学家则注重从教育与生活的联系出发来探讨教育的本质。例如，夸美纽斯在《大教学论》中并没有直接给“教育”下定义，他认为，“知识、德性与虔信的种子是天生在我们身上的；但是实际的知识、德性与虔信却没有这样给我们。这是应该从祈祷，从教育，从行动去取得的。只有受过恰当的教育之后，人才能成为一个人”①。如果抛开其中的宗教色彩，夸美纽斯对教育的这种解释隐含了这样一种思想：人的各种天赋、潜能等这些“种子”可以通过教育来促其发芽、成长。19 世纪末 20 世纪初，进步主义教育运动的倡导者杜威在《民主主义与教育》中提出了对“教育”的解释。杜威认为，教育并不是强制儿童静坐听讲和闭门读书，教育就是对生活、生长和经验的改造，并提出了“教育无目的论”。杜威追求的是教育过程中内在的目的，这个目的就是“生长”，而“生长是生活的特征，所以教育就是不断生长；在它自身以外，没有别的目的。学校教育的价值，它的标准，就看它创造继续生长的愿望到什么程度，看它为实现这种愿望提供方法到什么程度”②。德国存在主义哲学家雅斯贝尔斯在分析了训练、教育和纪律及交往三者的主要区别后提出：“所谓教育，不过是人对人的主体间灵肉交流活动（尤其是老一代对年轻一代），包括知识内容的传授、生命内涵的领悟、意志行为的规范、并通过文化传递功能，将文化遗产教给年轻一代，使他们自由地生成，并启迪其自由天性。”③在我国，陶行知在杜威“生活教

① [捷]夸美纽斯著，傅任敢译：大教学论. 北京：教育科学出版社，1999 年，第 24 页

② [美]约翰·杜威著，王承绪译：民主主义与教育. 北京：人民教育出版社，2001 年，第 61-62 页

③ [德]雅斯贝尔斯著，邹进译：什么是教育. 北京：生活·读书·新知三联书店，1991 年，第 3 页

育理论”的基础上提出了“生活即教育”“社会即学校”“教学做合一”的教育主张，他指出“生活教育是生活所原有、生活所自营、生活所必需的教育。教育的根本意义是生活之变化。生活无时不变，即生活无时不含有教育的意义”[①]。在后期的发展中，我国的一些学者多从广义和狭义两个方面对教育做出界定[②]，但这些界定多强调从社会的角度或教育者的角度出发，强调教育的社会功能及教育者的地位，无论是广义的教育还是狭义的学校教育，受教育者始终处于被动地位。至20世纪七八十年代，于光远和顾明远在教育领域引发了一场有关教育本质问题的大讨论[③]，在这场讨论中，学生在教育中的主体地位逐渐被认可，各家的言说与争鸣不但冲击了以往对教育的传统理解和认识，也带来了思想的解放和学术的解放。20世纪90年代，叶澜提出“教育的形态起源于人与人之间的交往”[④]，认为“教育本质上是一种特殊的交往活动。教育活动的本质是在特殊的交往活动中有目的地使社会对学习者的发展要求，向学习者的现实发展转化，使学生的多种潜在发展可能向现实发展转化”[⑤]。1994年，叶澜带领团队启动了“新基础教育”的探索研究，以追求真实的生命成长为价值取向，对教育做出了新解释：“教育是直面人的生命、通过人的生命、为了人的生命质量的提高而进行的社会活动，是以人为本的社会中最体现生命关怀的一种教育事业。”[⑥]2004年，在对“新基础教育”探索和研究的基础上，叶澜及其团队创建了“生命·实践”教育学派，并深入上海市、江苏省常州市等地的中小学课堂展开合作研究，与当地的学校、教师组成“共生体”，在回归与突破中实践着“生命·实践”教育学：属人的、为人的、具有人的生命气息和实践泥土芳香的教育学。[⑦]20世纪90年代以后，教育领域还有

---

① 陶行知：陶行知教育论文选辑. 重庆：民联书局，1946年，第12-13页

② 相关文献参见：张栗原：教育哲学. 北京：生活·读书·新知三联书店，1949年，第127页；陈友松主编，杨之岭等译：当代西方教育哲学. 北京：教育科学出版社，1982年，第26页；南京师范大学教育系编：教育学. 北京：人民教育出版社，1984年，第1页；中国大百科全书教育编辑委员会：中国大百科全书·教育卷. 北京：中国大百科全书出版社，1985年，第1页；王道俊，王汉澜：教育学（新编本）. 北京：人民教育出版社，1987年，第41页；等等

③ 相关文献参见：于光远：重视培养人的研究. 学术研究，1978年3期，第25-31页；于光远：关于教育科学体系问题——在全国教育科学规划会议上的讲话. 教育研究，1979年3期，第4-9页；于光远：教育认识现象学中的“三体问题”. 中国社会科学，1980年3期，第79-95页；顾明远：学生既是教育的客体，又是教育的主体. 江苏教育（小学版），1981年10期，第14-15页

④ 叶澜：教育概论. 北京：人民教育出版社，1991年，第40-41页

⑤ 叶澜：教育研究方法论初探. 上海：上海教育出版社，1999年，第317页

⑥ 叶澜，郑金洲，卜玉华：教育理论与学校实践. 北京：高等教育出版社，2000年，第136页

⑦ 叶澜：“生命·实践”教育学派——在回归与突破中生成. 教育学报，2013年5期，第3-23页

一些学者就“教育是什么”提出了自己的观点。例如，胡德海先生提出：“教育是人类特有的文化传递形式，教育是与人类俱来的。”①项贤明在其著作《泛教育论——广义教育学的初步探索》中提出：“教育是作为主体的人在共同的社会生活过程中开发、占有和消化人的发展资源，从而生成特定的、完整的、社会的个人之过程。”②鲁洁认为，“教育的原点是育人，教育的根本要旨就是为了促进人的发展”③。从以上学者的观点中我们可以看出，学界对教育本质的理解逐渐趋向于对人的关注，强调教育是以“人”为原点和终点的，是一种对人的有意识的影响活动。联合国教育、科学及文化组织（简称“联合国教科文组织”）先后三次对“教育”做出了界定。例如，在《国际教育标准分类》中对“教育”的定义是：“教育不是广义的一切教育活动，而是有组织、有目的地传授知识的工作。”④国际 21 世纪教育委员会提交的教育研究报告中指出：“教育的基本作用，似乎比任何时候都更在于保证人人享有他们为充分发挥自己的才能和尽可能牢牢掌握自己的命运而需要的思想、判断、感情和想象方面的自由。”⑤近年来，教育回归生活的理念被重提，人们开始关注教育如何在人的生命、生活过程中通过相互影响实现“成人”。

至此，中西方理论界开始重视教育对人的价值，认同教育是为人、育人和成人的，强调教育的本质是有意识地促进人的身心健康全面发展。我们知道，人是一种开放的存在，每个人都存在于与大自然、社会及他人共生、交往的关系之中。人的生活实践是在与他人、他物的交往中进行的，在实践的步步推进和交往的丰富与扩大中，人的知识不断丰富，能力不断提高，智慧不断提升，人在这一过程中不断发展。人是教育的对象，在人的成长及发展这条主线中，人、生命和生活这几个方面无论在横向联系还是纵向联系上都是相互关联的，而这种相互关联则依托交往来实现，教育本身就产生于人的交往之中。显然，人首先以生命的方式存在，并通过交往在生活世界中得以生存，生活世界是人发展的本源，生存的目的是“成人”。正如哈贝马斯所说，生活世界是交往行动者“一直已经”在其中运

① 胡德海：教育学原理. 兰州：甘肃教育出版社，1998 年，第 274 页

② 项贤明：泛教育论——广义教育学的初步探索. 太原：山西教育出版社，2000 年，第 40 页

③ 鲁洁：教育的原点：育人. 华东师范大学学报（教育科学版），2008 年 4 期，第 15-22 页

④ 联合国教科文组织教育统计局编，国家教育委员会教育发展与政策研究中心译：国际教育标准分类. 北京：人民教育出版社，1988 年，第 1 页

⑤ 联合国教科文组织编，联合国教科文组织总部中文科译：教育——财富蕴藏其中. 北京：教育科学出版社，1996 年，第 85 页

动的境遇，是人们在交往中达成相互理解所必需的共同的背景知识。[①]所以，教育的原点可以归结为——“成人”，交往要以生活世界为背景，始终贯穿于“成人”的过程中。在教育价值论的讨论中，也曾出现教育消亡论、反教育论、教育万能论等否定或夸大教育的观点，但我认为，教育是促进个体成长和人类成长的最重要的力量，它内含的价值是通过人与人之间的交往来实现的。这是本书的主旨。

（三）对大学课堂生活的关注

选择这样的一个主题做研究，宏观上源于我对教育本质的不断追问与探索。就我个人而言，近 10 年的大学学生生活和 15 年的大学教师生活，让我与大学课堂结下了不解之缘，学生与教师之间不同身份的互换，让我相信做一个大学教师并不难，关键在于如何让自己成为一个“好的”大学教师：让学生在大学课堂生活中得以成长和发展，让大学教师自身也在其中得以进步和升华，使师生在大学课堂生活中展现生命的本真，在相互影响、相互交往中共同开拓美好的明天。

课堂是检验教育理论并创生新的教育理论的实践场所，是学校教育、教学的主阵地，也是师生在学校生活的主要场域。目前，不管是国家层面的教育改革，还是民间教育学派的实践探索，有关教育与交往及课堂生活的研究多关注基础教育阶段，而涉及大学领域的相关研究不多。理论研究方面，有关大学课堂方面的文献较少；实践研究方面，有关高等教育的改革多涉及办学模式、人才培养模式、课程体系等宏观层面，而对培养质量与未来发展起重要作用的课堂这一微观层面的改革却很少。

近年来，各国开始重视高等教育教学改革，我国也出台了有关高等教育教学改革的相关文件。例如，2000 年，《教育部关于实施“新世纪高等教育教学改革工程”的通知》提出了该工程的改革目标：“以培养适应新世纪我国现代化建设需要的具有创新精神、实践能力和创业精神的高素质人才为宗旨，对高等教育人才培养模式、教学内容、课程体系、教学方法等，进行综合的改革研究与实践，推动教学改革向纵深发展。”2010 年，《国家中长期教育改革和发展规划纲要（2010—2020 年）》发布，其中第七章“高等教育”部分提出了要加大教学投入。把教学作为教师考核的首要内容，把教授为低年级学生授课作为一项重要制度。第十一章“人才培养体制改革”部分进一步提出要更新人才培养观念，创新

① [德]哈贝马斯著，洪佩郁，蔺青译：交往行动理论（第 2 卷）——论功能主义理性批判. 重庆：重庆出版社，1994 年，第 165-171 页

人才培养模式，遵循教育规律和人才成长规律，深化教育教学改革，创新教育教学方法，探索多种培养方式。注重学思结合，倡导启发式、探究式、讨论式、参与式教学，帮助学生学会学习。激发学生的好奇心，培养学生的兴趣爱好，营造独立思考、自由探索、勇于创新的良好环境。注重知行统一和因材施教。关注学生不同特点和个性差异，发展每一个学生的优势潜能。第十七章“加强教师队伍建设”部分提出要完善培养培训体系，做好培养培训规划，优化队伍结构，提高教师专业水平和教学能力。通过研修培训、学术交流、项目资助等方式，培养教育教学骨干。建设高素质的高校教师队伍，大力提高高校教师教学水平、科研创新和社会服务能力。促进跨学科、跨单位合作，形成高水平教学和科研创新团队。创新人事管理和薪酬分配方式，引导教师潜心教学科研。第十九章“加快教育信息化进程”部分提出要强化信息技术应用，提高教师应用信息技术水平，更新教学观念，改进教学方法，提高教学效果。鼓励学生利用信息手段主动学习、自主学习，增强运用信息技术分析解决问题能力。2012 年，《教育部关于全面提高高等教育质量的若干意见》的第二十七条提出：“提高教师业务水平和教学能力。推动高校普遍建立教师教学发展中心，重点支持建设一批国家级教师教学发展示范中心，有计划地开展教师培训、教学咨询等，提升中青年教师专业水平和教学能力。”

2018 年 6 月 21 日，教育部召开了改革开放 40 年以来首次全国高等院校本科教学工作会议，陈宝生部长着力强调：“把本科教育放在人才培养的核心地位、放在教育教学的基础地位、放在新时代高等教育发展的前沿地位。”[①]近年来，教育部陆续颁布了《教育部关于加快建设高水平本科教育　全面提高人才培养能力的意见》(简称“新时代高教 40 条”)，联合工业和信息化部、国家卫生健康委员会等部委推出“六卓越一拔尖”计划 2.0 等。在这些文件的指导下，许多大学开始重新定位自己的办学方针和办学特色，审视培养目标及培养方案等。但现实情况是，随着教育教学及科研的硬件设施、设备以及技术的提升，大学的课堂现状及教学质量却有些不容乐观，有人指出，“十多年来所进行的质量建设工作大都是质量建设的基础性或外围性工作，解决的是人才培养模式、专业、课程、教材、实验室等宏观和硬件方面的问题，而对于微观的教学过程则没有引起充分重视”[②]。

① 转引自万玉凤：为了打赢全面振兴本科教育攻坚战. 中国教育报，2019-06-28，第 2 版

② 刘小强，陈明伟：大学教师教学发展：现状、特点与对策——基于 3 所地方教学研究型大学的实证研究. 国家教育行政学院学报，2012 年 1 期，第 80-85 页

课堂作为学校培养人才的主渠道，是师生学校生活的主要场所和联结点，大学课堂生活质量将直接影响大学人才培养质量。周作宇和熊春文借助课堂观察和访谈等研究方法，从教学方法、课堂交流、课堂控制及课堂艺术四个方面对大学课堂教学模式做了分析，认为目前大学课堂的教学模式主要是以教师讲授为主，学生参与度不高，课堂上师生互动行为较少，基本属于传统型教学，并提出变革课堂教学模式、提高教学效力是大学教学改革迫切需要触及的两个领域。①还有学者对某“211工程”大学本科课堂进行观察和研究后发现以下问题：①目前，在大学课堂教学中，从教学方式来看，“全讲授”“讲授+一般性提问”占 92.7%，课堂上，教师的启发性提问极少。从教学内容来看，公共课“照本宣科”“闲聊”的比重较高。从教师教学的吸引力看，公共课和专业课“非常有吸引力”的课堂占 3.4%，约 32.3% 的课堂“较有吸引力”，即有吸引力的课堂只占 1/3 左右。②大学生课堂讨论的参与率低，且讨论氛围不够活跃；课堂上学生学习“很投入”的占 25%；理科专业课的课堂总体氛围较沉静。③大学课堂上各类非学习性行为很常见，主要有“看与本课堂无关的书”“讲小话”“睡觉”“玩手机”“缺课”等。不同专业、不同课型之间学生的课堂学习行为与非学习行为无显著差异。②从以上数据和现象可以看出，大学课堂缺乏交往是导致大学课堂生活质量不高的核心因素。所以，在高等教育逐渐走向大众化的今天，提高大学生活质量进而提高大学人才培养质量是高等教育的重任，也是达成“育人”“成人”之教育目的的途径。

至此，我将本书主题确定为“交往视角下的大学课堂生活”，主要考察大学课堂中以交往为视角的生活形式和生活空间，以此来审视大学课堂是否实践了“教育即交往”的本质属性，是否体现了交往背后承载的教育理念。

二、研究的理论基础

（一）交往理论

真正对人的交往活动做出全面且比较彻底解释的是哲学。中西方很多哲学家对此做过深刻探讨。下面我将对一些著名哲学家提出的“交往理论”进行概括梳理，以期在他们的理论精华中把握交往的本质，以此来指导大学课堂生活方面的理论研究和实践探索。

---

① 周作宇，熊春文：大学教学：传统与变革. 现代大学教育，2002 年 1 期，第 15-21 页

② 彭杜宏，何敏，刘电芝：大学课堂教与学状况的个案观察报告. 高教探索，2009 年 2 期，第 97-101 页

1. 马克思主义交往观

在马克思主义哲学体系中，交往理论是一个重要范畴。马克思认为，交往是人与动物的区别所在，是人的本质力量的展现。马克思交往理论指出："一个人的发展取决于和他直接或间接进行交往的其他一切人的发展。单个人的历史决不能脱离他以前的或同时代的个人历史，而且是由这种历史决定的。"[①]马克思主义交往观不仅仅强调人类交往的根本意义是为了获得某种认识论意义，交往与人的存在、全面发展密切相关，而且强调交往的历史性，认为人类个体与社会矛盾的发展过程同时也是人类交往的历史过程。只有在自由的交往中，人类才能获得个人的完整性并实现全面发展，不存在超越历史的交往模式。同时，马克思认为，人类的交往从大的方面可分为物质交往和精神交往两类。物质交往是人们之间以劳动资料、劳动工具和劳动产品以及人自身等物质内容为中介进行的物质变换活动；精神交往是人的精神生产活动及其能力产品等的交换、交流。在二者之间的关系上，马克思认为，"思想、观念、意识的生产最初是直接与人们的物质活动，与人们的物质交往，与现实生活的语言交织在一起的。人们的想象、思维、精神交往在这里还是人们物质行动的直接产物。表现在某一民族的政治、法律、道德、宗教、形而上学等的语言中的精神生产也是这样"[②]。他强调精神交往不仅直接被物质交往所制约，而且是由物质性生产特别是物质资料生产实践所决定的。

马克思认为，理想的交往形式具有以下四个特点：首先，真正的交往体现为人对交往关系的自由占有。其次，真正的交往是自由人的联合。在理想的社会中，自由与交往不再是矛盾的，人类真正的交往只能是自由人的联合。再次，真正的交往是人对自己生命本质的全面占有，并认为这是交往本身的目的性。最后，真正的交往具有美的性质，是审美关系的普遍化。[③]

马克思主义交往观注重交往在人的发展中的重要性，并强调交往具有历史性和自由性，只有将交往作为人的丰富的本质力量加以自我占有和展现时，人才能达到自由创造与人类和谐的统一，交往才能真正成为人的一种需要和享受。马克思主义交往观有助于我们把握交往的实质，从而更好地理解大学课堂交往的内涵。

---

① 中共中央马克思恩格斯列宁斯大林著作编译局编译：马克思恩格斯全集（第 3 卷）. 北京：人民出版社，1960 年，第 515 页

② 中共中央马克思恩格斯列宁斯大林著作编译局编译：马克思恩格斯全集（第二版）（第 1 卷）. 北京：人民出版社，1995 年，第 72 页

③ 转引自丁立群：交往、实践与人的全面发展. 哲学研究，1992 年 7 期，第 10-15 页

2. 哈贝马斯的交往观

第二代法兰克福学派的代表人物哈贝马斯引入了“交往行动”、“生活世界”和“交往理性”等概念，建立了不同于以往观点的交往理论。

哈贝马斯将社会行动[①]分为四类，即目的论行动、规范调节的行动、戏剧行动和交往行动，并认为语言在社会行动中占有重要作用。哈贝马斯认为，目的论行动以行动主体的经验知识为基础，将手段关联于目的，将技术关联于目标，而不管这些目的、目标本身是否合理与公正，语言在其中只起到工具性作用；规范调节的行动以遵循规范为主旨，语言在其中呈现出文化主义特征；戏剧行动以自我表现为核心，突出语言的形式化表现。所以说，在目的论行动、规范调节的行动和戏剧行动中，语言只起到了片面作用。在交往行动中，两个或两个以上的具有语言能力和行为能力的主体之间通过语言或其他媒介达到了相互理解和协调一致的行动，语言的各个向度都得到了考虑，并充分发挥了作用。所以，哈贝马斯认为，真正的交往更具有内在理性。

哈贝马斯立足于“生活世界”，提出了“交往理性”的概念。他认为生活世界是“交往行动者‘一直已经’在其中运动的视野”，是人们在交往中达成相互理解所必需的共同的背景知识。[②]一个合理的交往过程是发生在已经具有这些能力的人们之间的过程，是人们通过这种交往而获得学习新东西、相互理解各自观点和愿望，并协调各自行动的过程。交往活动表达着生活世界的内容，生活世界组成交往活动的背景，离开生活世界，交往活动无法进行。[③]大学生活世界是大学师生交往的背景，大学课堂交往表达着大学生活世界。

3. 雅斯贝尔斯的交往观

雅斯贝尔斯是存在主义教育思想的代表人物及著名的教育家，他认为交往是人的存在方式，“我只有在与别人的交往中才能存在着”[④]。如果失去交往，人将失去存在。雅斯贝尔斯的教育思想中蕴含着交往的教育思想。他提出了两个观点：第一，教育即交往；第二，存在交往才是真正的教育交往。存在交往中，人将自

---

① 也有一些译著中将哈贝马斯提出的“社会行动”译为“社会行为”，将其所包含的四种社会行为译为目的行为、规范调节行为、戏剧行为和交往行为。

② [德]哈贝马斯著，洪佩郁，蔺青译：交往行动理论（第 2 卷）——论功能主义理性批判. 重庆：重庆出版社，1994 年，第 165 页

③ 刘旭东：对教育与生活关系的思考. 教育研究，2007 年 8 期，第 53-57 页

④ 转引自周宏：雅斯贝尔斯交往理论探析. 现代哲学，2000 年 1 期，第 85-91 页

己与他人的命运相连，处于一种身心敞放、相互完全平等的关系中。[①]对于大学教育，雅斯贝尔斯说：大学教育是一种培养全人的精神交往。具体来讲，“大学把追求科学知识和精神生活的人聚集在一起……按照大学的理想，彼此应该毫无限制地相互发生关系，以达到完整的统一体。不只是在科学的专业范围内需要交往，而且从事科学研究的个人生活也需要彼此沟通。因此在大学圈内，研究者之间、研究者与学生之间都应互相讨论并发表各自不同的看法”[②]。

雅斯贝尔斯的交往教育理论触及了教育的本质，体现了教育是最有交往价值的活动，如何通过交往活动使人的生命价值得以发现、挖掘和提升是教育的使命。大学课堂交往是大学师生在相互交往中探求真理的过程，是处于大学生活世界中的人自身精神发展的过程及自我意识完善的过程，是人与人之间的一种精神交往。

4. 多尔等有关师生交往的研究

后现代主义是 20 世纪后半叶影响力较大的一个西方哲学流派。它反对中心，崇尚多元，提倡对话。美国教育学者多尔是后现代主义教育思想的主要代表人物之一，其后现代主义课程观对中西方课程理论影响较大。多尔认为，“课程不是预先设定的，而是通过参与者的行为和交互作用形成的。教师不再是一种控制学生的机器式的力量，不再是外在的专制者，而是‘平等者中的首席’”[③]。另外，后现代主义的代表人物罗蒂强调，“教师必须与学生产生对话，教师的作用不仅仅是传授真理，更要注重激发学生的想象力”[④]。后现代主义的代表者从不同角度研究了师生关系，他们的这些教育思想是对师生交往理论的升华。

（二）生活世界理论

19 世纪末 20 世纪初，一些西方哲学家提出，实证主义思潮的广泛流行使人们的整个世界观深受实证科学的支配，人被排斥在科学世界之外，片面的理性和客观性统治着人，科技理性的极端发展造成人的主体性的泯灭，导致了现代日常生活世界的全面异化，科学失去了意义，甚至危害人类，人与生活世界相分离。面对这场深刻的文化危机，胡塞尔、海德格尔、维特根斯坦、哈贝马斯等现代哲学家呼唤人类理性向生活世界回归，并开始关注人的现实生活。

---

① [德]雅斯贝尔斯著，邹进译：什么是教育. 北京：生活・读书・新知三联书店，1991 年，第 2 页

② [德]雅斯贝尔斯著，邹进译：什么是教育. 北京：生活・读书・新知三联书店，1991 年，第 169 页

③ [美]小威廉姆・E. 多尔著，王红宇译：后现代课程观. 北京：教育科学出版社，2000 年，第 238 页

④ 顾明远，孟繁华：国际教育新理念. 海口：海南出版社，2003 年，第 159-131 页

胡塞尔常用“周围世界”“日常生活世界”“经验世界”等作为生活世界的同义词来论述生活世界理论。胡塞尔认为，当时的欧洲文明危机和人性危机的根源是欧洲科学危机，而造成欧洲科学危机的根源是近代科学忘记了作为其基础的生活世界而完全变成了实证科学。胡塞尔在其著作《欧洲科学的危机与超越论的现象学》中提到，“生活世界总是预先给定的世界，它总是有效，并且预先就作为存在着的东西而有效，但并不是由于某种意图、题材范围，或按照某种普遍的目的而有效。每一种目的都是以它为前提；即使是在科学的真理中认识这样一种普遍的目的，也是以它为前提，并且已经是以它为前提……科学世界是一种可以无限延伸的目的构成物——是由被作为前提的人为被作为前提的生活世界创造的目的物”[①]。所以，生活世界是在科学世界与哲学世界产生以前就存在的起点性世界，是科学世界与哲学世界存在的基础和前提。

后来，海德格尔提出了日常生活观。在海德格尔看来，日常生活是一个先在的、已然的、即成的世界，作为原初的，“在世界之中存在”[②]。日常生活是直接的、现实的生存领域，它反映和展现着人具体的生存状态和生存方式。离开日常生活，人的一切活动就无法进行，人的存在总是通过自身活动与日常生活中的种种表现形式，使其生命得以确证和维护，从而展开人存在的本源性。人们在其中生活着，从不会刻意地去关注它，但它却实实在在地存在着、被主体所感觉着和经验着，是一个即时体验而尚未被反思的世界。“生活世界是蕴藏着丰富的价值和意义的世界，它在形式上似乎表现为琐碎及世俗，但生活的价值和意义却泛化地存在于其中；它虽不及经过抽象、归纳和整理以后的理性知识那么有条理和清晰，但在对其的体验、品味、揣度、想象与领悟中，人们能够探寻和感悟到其中的乐趣、价值和意义。”[③]正是在这样的世界中，我们的生活才能得以进行，我们的生命才有意义。生活世界对于人来说是不可或缺的，它是人之为人的最终背景。

西方现代哲学家维特根斯坦从“生活形式”与“语言游戏”的关系论述了他的“生活世界理论”。维特根斯坦认为，“语言并不是由所有描述事实的命题组成的封闭的、完成了的整体，而是由各种各样、或大或小、或原始（简单）、或高级（复杂）、功能各异，彼此间仅具有家族相似性的语言游戏组成的异质类聚物；世

① [德]胡塞尔著，王炳文译：欧洲科学的危机与超越论的现象学. 北京：商务印书馆，2000年，第558页

② [德]海德格尔著，陈嘉映，王庆节译：存在与时间. 北京：生活·读书·新知三联书店，1987年，第64页

③ 刘旭东：生活世界理论与基础教育课程改革. 教育理论与实践，1999年7期，第38-42页

界并不是由所有可描述的事实组成的封闭的、完成了的整体，而是由各种各样、作用各异但又互为前提、互相交织的生活形式组成的异质类聚物”[①]。二者之间的关系为：“事物的本质表达于语法之中，或者说，一个事物是什么种类的事物这点是由语法规定的；而语法规定了语言游戏，语言游戏又植根于生活形式之中，甚至就等同于生活形式，因而我们可以说世界就是生活形式。”[②]维特根斯坦强调，我们共同生活的现实世界是由各种各样的生活形式组成的，而体验和价值就植根于这些生活形式之中。

哈贝马斯指出：“生活世界作为交往行动者‘一直已经’在其中运动的视野，通过社会的结构变化整个地受到约束和变化。”[③]并进一步指出：“在一定方式下，生活世界，即交往参与者所属的生活世界，始终是现实的；但是只是这种生活世界构成了一种现实的活动的背景。”[④]哈贝马斯认为，在当前这个被实证科学支配的社会里，技术统领一切，人的发展趋向于科学技术的要求，科学技术使人的工具行为不断趋向“合理化”，工具理性占据了人的整个生活世界领域，人的交往行为在日常生活中逐渐被异化，交往的双方迫于社会力量的支配、操纵与控制，而进行着虚假的交往。所以，哈贝马斯提出我们必须通过宣扬交往理性来解放和拯救我们自己。交往理性实质上就是以语言或其他符号为媒介，在没有强制和控制的情况下，通过真实、真诚、正确的对话而达成理解、共识行为。

很多教育家也曾对教育与生活世界的关系进行过论述。例如，斯宾塞在他的《教育论》一书中针对“生命短暂追求知识的时间有限”，提出了“什么知识最有价值”的问题，他的回答是“……怎样去完满地生活？这个既是我们需要学的大事，当然也就是教育中应当教的大事。为我们完满生活做准备是教育应尽的职责；而判断一门教学科目的唯一合理办法就是看它对这个职责尽到什么程度”[⑤]。那么究竟什么样的生活才是完满生活呢？斯宾塞按重要程度将完满生活分为如下几类：①直接有助于自我保全的活动；②从获得生活必需品而间接有助于

① 韩林合：维特根斯坦论“语言游戏”和“生活形式”. 北京大学学报（哲学社会科学版），1996 年 1 期，第 108-115 页

② 韩林合：维特根斯坦的“哥白尼式革命”. 云南大学学报（社会科学版），2010 年 2 期，第 25-29，94-95 页

③ [德]哈贝马斯著，洪佩郁，蔺青译：交往行动理论（第 2 卷）——论功能主义理性批判. 重庆：重庆出版社，1994 年，第 165 页

④ [德]哈贝马斯著，洪佩郁，蔺青译：交往行动理论（第 2 卷）——论功能主义理性批判. 重庆：重庆出版社，1994 年，第 171 页

⑤ [英]赫·斯宾塞著，胡毅，王承绪译：斯宾塞教育论著选. 北京：人民教育出版社，2007 年，第 11 页

自我保全的活动；③目的在抚养和教育子女的活动；④与维持正常的社会和政治关系有关的活动；⑤在生活中的闲暇时间用于满足爱好和感情的各种活动。[①]斯宾塞针对学校教育中忽视儿童自然本性的现象，提出教育要尊重儿童天性和身心发展的规律，要顺从儿童的兴趣，使教育教学过程成为儿童的一种愉快体验。斯宾塞在当时明确提出“教育要为未来生活做准备”，虽然后期一些学者对这一观点提出了批评，但是表明学者已经开始关注生活对教育的重要意义。

杜威对斯宾塞的观点进行了批判性改革，他反对斯宾塞的“教育预备说”，但并没有完全反对教育的预备性。杜威说：“把教育看作为将来作预备，错误不在强调为未来的需要做预备，而在把预备将来作为现在努力的主要动力。”[②]杜威认为教育的过程就是一个持续不断的生长过程，他提出“教育即生活”“教育即生长”“教育即经验的改造”的教育观点，认为“教育是生活的过程，而不是将来生活的准备”。杜威在《我的教育信条》中提出：“教育既然是一种社会生活过程，学校便是社会生活的一种形式。”[③]并且提出了社会生活与学校生活的关系：儿童的社会生活是他一切训练或生长的集中或相互联系的基础，给予他一切努力和一切成就的不自觉的统一性和背景。学校课程的内容应当注意从社会生活的最初不自觉的统一体中逐渐分化出来。

我国著名教育家陶行知深受杜威思想的影响，他认为“从定义上说，生活教育是给生活以教育，用生活来教育，为生活向前向上的需要而教育。从生活和教育的关系上说，是生活决定教育。从效力上说，教育要通过生活才能发出力量而成为真正的教育”[④]，提出“生活即教育”的命题。这些理论无不说明教育与生活具有渊源。

教育是以服务于人、实现人的某种价值目标为旨趣的活动。从奠基性的立场来看，教育源于生活，无可选择地要以一定的社会历史条件作为自己存在的前提，并以此作为自己的内容。[⑤]关注大学生的日常生活世界和大学在社会生活世界中的运作，是我们进行交往视角下大学课堂生活研究应思考的前提问题。

---

① [英]赫·斯宾塞著，胡毅，王承绪译：斯宾塞教育论著选. 北京：人民教育出版社，2007年，第12页

② [美]约翰·杜威著，王承绪译：民主主义与教育. 北京：人民教育出版社，2001年，第65页

③ 约翰·杜威著：我的教育信条//华东师范大学教育系，杭州大学教育系编译：现代西方资产阶级教育思想流派论著选. 北京：人民教育出版社，1987年，第5-15页

④ 转引自张人杰，王卫东：20世纪教育学名家名著. 广州：广东高等教育出版社，2002年，第855页

⑤ 刘旭东：对教育与生活关系的思考，教育研究，2007年8期，第53-57页

（三）布迪厄的场域理论

布迪厄认为，“社会”是一个空泛的概念，一个分化的社会并非一个由各种系统功能、一套共享的文化、纵横交错的冲突或者一个君临四方的权威整合在一起的浑然一体的总体，而是一个个相对独立的“游戏”领域，因而，他将社会化约为一个个场域。[①]他认为在不同的场域中，决定某场域特性的是不同资本的类型，同时，资本也离不开场域，“只有在一个场域的关系中，一种资本才得以存在并且发挥作用”[②]。布迪厄将资本划分为四种类型：经济资本、文化资本、社会资本和符号资本，其中前三种资本可以制度化，并彼此互相转换。另外，布迪厄认为场域和惯习紧密相连，并认为每个场域都有属于自己的“性情倾向系统”——惯习。他说：“惯习是一个开放的性情倾向系统，不断地随经验而变，从而在这些经验的影响下不断强化，或者调整自己的结构。它是稳定持久的，但不是永远不变的。”[③]在布迪厄看来，惯习是客观性和主观性的统一，既有个体性，又有集体性，同时还具有历史性、开放性和能动性，所以惯习是一种生成性结构。

近年来，将场域与教育结合生成“教育场域”是教育研究领域的一种探索。“教育场域”作为一个重要理论范畴，有其相对具体的内涵和明晰的特征。刘生全对教育场域的含义与特征做了较好的解释，他认为，教育场域指在教育者、受教育者及其他教育参与者相互之间所形成的一种以知识的生产、传承、传播和消费为依托，以人的发展、形成和提升为旨归的客观关系网络。其特征表现在六个方面：第一，教育场域是一个社会学或教育社会学范畴；第二，教育场域既是对客观的教育关系的一种描述，也是一种理论假设；第三，文化资本是教育场域内的主要媒介资本；第四，文化权力是教育场域之中的主要权力中轴；第五，冲突论是教育场域理论的基本假设；第六，教育场域具有很强的概念再生产能力，能够形成不同的、具体的教育场域概念，如学校场域、班级场域、学习小组场域等。[④]在大学这样一个学校场域中，对其中各种复杂、矛盾关系场域及惯习之间多元关系的认识及分析，将为交往视角下大学课堂生活的研究提供理论基础。

---

① 郑乐平：超越现代主义和后现代主义——论新的社会理论空间之建构. 上海：上海教育出版社，2003 年，第 99 页

② [法]皮埃尔·布迪厄，[美]华康德著，李猛，李康译：实践与反思——反思社会学导引. 北京：中央编译出版社，1998 年，第 136-139 页

③ [法]皮埃尔·布迪厄，[美]华康德著，李猛，李康译：实践与反思——反思社会学导引. 北京：中央编译出版社，1998 年，第 178 页

④ 刘生全：论教育场域. 北京大学教育评论，2006 年 1 期，第 78-91 页

第一章

交往、教育与交往及课堂生活

讨论交往与课堂生活的关系，首先需要讨论一些基本概念，如“教育”“交往”“课堂生活”等。导论部分已从词源分析和本质属性对“教育是什么”“什么是教育”进行了探讨。本章将对另外三个关键词“交往”“教育与交往”“课堂生活”的关系进行理论上的进一步梳理。讨论这些概念的目的不是要给它们一个标准、明确的定义，而是要说明这些基本概念在本书中的含义、思想来源以及与之相关的一些认识论意义，为后续章节的研究提供一个基本框架，同时与对之感兴趣的学者进行深入的讨论。

第一节 交 往

一、词源考证

从词源考证看，“交往”一词最早源于拉丁语“conmmicare”，意为“共同的或使共同的”“共用”“共享”[①]。我国古代文献中，“交往”最开始是分开使用的，“交”是一个象形字，像人两腿交叉形，本义为交叉；“往”是一个会意字，从止，从土，意为从这个地方走向目的地，本义为去，到……去。《说文解字》中把“交”“往”解释为：“交，交胫也”，“往，之也”，并可以互用，《论语》《老子》中有相关的提法[②]。把“交”“往”两字合为“交往”一词可以追溯到《尉缭子》[③]，自此“交往”有了“互相走动、拜访、来往”的含义。朱熹把“交往”解释为“人

① 南国农，李运林：教育传播学. 北京：高等教育出版社，1998 年，第 1 页

② 如《论语·学而》记载，曾子曰：“吾日三省吾身：为人谋而不忠乎？与朋友交而不信乎？传不习乎？”《老子》八十章曰：“邻国相望，鸡犬之声相闻，民至老死不相往来。”

③ 见战国时期著名战书《尉缭子·分塞令》：“中军、左、右、前、后军，皆有分地，方之以行垣，而无通其交往。”

以礼仪币帛相交接也”，这里的“礼仪”“币帛”分别指人与人之间的精神交往和物质交往，“相交接”就是我们平常所说的“礼尚往来”。[①]《辞海》中没有直接对“交往”做界定，但“交往”分别出现在“交往理性”“交往行为”“交往方式”的解释中。其中，“交往理性”条目主要介绍了哈贝马斯关于“交往理性”的观点，“交往行为”条目主要介绍了雅斯贝尔斯对“交往行为”的解释，而对“交往方式”的解释，该条目指出有两种：一是指“人们在生产过程中所发生的社会关系”；二是指“人与人之间各种社会交往及其形式”[②]。《现代汉语词典》（第7版）对交往的解释是“互相来往”。[③]综上，从词源发展来看，“交往”多指人与人之间相互往来、相互交流的一种活动。

日常生活中与“交往”词义相近的词，有交流、沟通、对话等；英语中与“交往”对应的是“communication”，有交流、联络、通信、传达等含义。有关交往、沟通、对话的相互关系，本书认为：第一，交往是上位概念，对话、沟通、传达是交往的表现形式，是交往的下位概念，“交往及其行为是在两个以上主体之间产生的涉及人与人关系的行为。交往的主要形式是对话，对话的目的是沟通和理解”[④]。第二，“对话”是交往发生的前提和核心，因为“从形式上看，‘对话’是最有表现力的交往形式，从内容上看，‘对话’是交往活动最内在的、最深层的属性”[⑤]。

二、不同领域有关“交往”的释义

哈贝马斯的“交往行动理论”及“主体教育理论”对国内外交往理论的影响很大，相关著作也较多。近年来，国内有关交往方面的著作较多。例如，姚纪纲的《交往的世界——当代交往理论探索》，任平的《交往实践的哲学——全球化语境中的哲学视域》，李素霞的《交往手段革命与交往方式变迁》，刘明合的《交往与人的发展——基于马克思主义的视角》等。不同领域的研究者从不同的理论视角提出了不同的看法和观点，在这些观点中，最具有代表性的是从传播学、经济学、哲学和社会学等视角对“交往”进行的论述和阐释。

① 转引自曹杰：青年交往心理学. 石家庄：河北人民出版社，1988，第7页

② 夏征农，陈至立：辞海（第2卷）. 上海：上海辞书出版社，2009年，第1091页

③ 中国社会科学院语言研究所词典编辑室：现代汉语词典（第7版）. 北京：商务印书馆，2018年，第650页

④ 张东娇：教育沟通论. 太原：山西教育出版社，2005年，第26-27页

⑤ 蔡春，扈中平：从“独白”到“对话”——论教育交往中的对话. 教育研究，2002年2期，第49-52页

（一）传播学的观点

在传播学领域中，交往是指信息的传播和交流[①]，交往过程是发送者和接收者之间所进行的信息传递、接受、反馈或调控过程。

（二）经济学的观点

在经济学领域中，交往的本质是一种利益的博弈，在这种交往活动中，“人们遵循一定规则下的活动，进行活动的人的目的是使自己‘赢’”[②]。

（三）哲学的观点

在哲学领域中，交往被视为人的一种存在方式。马克思认为，生产和交往一起构成了人的普遍存在方式。马克思主要把交往看作人与自然、人与人之间的“物质交换关系”，认为生产与交往是相互作用的。交往的需要根源于生产的需要，“而生产本身又是以个人彼此之间的交往为前提的。这种交往的形式，又是由生产决定的”[③]。马克思理论将交往与生产实践活动紧密联系在一起，并认为人类社会交往行为可以分为物质交往和精神交往两大类，强调精神交往是物质交往的产物。另外，“交往”是存在主义代表者的常用语，主要指个体的“自我”与外在于“自我”的他人之间的关系。存在主义的代表性人物有海德格尔、雅斯贝尔斯等。海德格尔认为，交往即“与他人共在”[④]，是人生在世的基本方式之一。人是交往的产物，且只有在交往中，人才成其为人。交往是人对自身的修复、补充和拓展。雅斯贝尔斯认为，人的生存是自由的，而一个人只有在与他人的交往中才能获得真正的自由。雅斯贝尔斯把交往分为两种类别，即“存在的交往”“生存的交往”，并认为“生存的交往”是人们之间真实的交往。哈贝马斯认为，“交往行为所涉及的是至少两个以上具有言语和行为能力的主体之间的互动，这些主体使用（口头的或口头之外的）手段，建立起一种人际关系。行为者通过行为语境寻求沟通，以便在相互谅解的基础上把他们的行为计划和行为协调起来”[⑤]。

---

① 时蓉华：社会心理学. 杭州：浙江教育出版社，1998 年，第 357 页

② 潘天群：博弈生存——社会现象的博弈论解读. 北京：中央编译出版社，2004 年，第 4-5 页

③ 中共中央马克思恩格斯列宁斯大林著作编译局编译：马克思恩格斯全集（第二版）（第 1 卷）. 北京：人民出版社，1995 年，第 68 页

④ [德]海德格尔著，陈嘉映，王庆节译：存在与时间. 北京：生活·读书·新知三联书店，1987 年，第 146 页

⑤ [德]哈贝马斯著，洪佩郁译：交往行动理论（第 1 卷）——行为合理性与社会合理性. 上海：上海人民出版社，2004 年，第 84 页

（四）社会学的观点

在社会学领域中，交往是指人们特意完成的一种交互行为，以及通过这种行为形成的特定的社会关系。有学者将有关交往的社会学观点归纳为以下五种：一是“社会互动说”。这种学说认为交往是作为社会主体的人为了实现其自身活动而进行的物质与精神的交换过程，是能动的相互作用。二是“实践说”。这种观点认为交往存在于人类社会内部，是发生在具有历时性和共时性的不同实践主体之间，以变革世界和生存环境为目的所进行的实践活动，强调交往活动的实践性。三是“语言中介说”。这种学说将交往视为人与人之间得以沟通的手段，强调交往的工具性。四是“主体际关系说”。这种学说认为交往属于关系范畴，认为人是通过交往建构起社会关系的。交往体现了其中的主客体关系，交往本质上是人与人之间实现的实践关系。五是“双重关系说”。这种学说认为交往是标志人、社会与自然之间相互作用的哲学范畴。社会交往是人在进行生产劳动时所必须进行的活动，人与自然的相互作用是主客体之间的交往，而个体之间的相互作用则是主体间或人际的交往。①

不同的交往观站在各自的角度对“交往”进行了阐释，观点不一。我认为哲学交往观更好地揭示了交往的本质，其他学科对交往的解释能够很好地补充哲学交往观的立场，丰富对交往的认识。交往是人存在的基本方式，而经济、传播等的发生都以人的存在为前提，并且围绕着人与人的交往以及人与不同文本的交往发生了经济、传播等社会活动。

综上，我认为交往的存在与发生关涉下列基本要素。第一，交往是人生存的基本方式，人的存在是交往的关键。人与自然、人与社会、人与整个世界的意义沟通都以人与人的行动为起点，人是交往的主体，其他文本作为人与人之间交往的媒介最终促进人的交往。第二，交往具有客体中介性。交往的实现总要借助于一定的媒介，且交往的发生所借助的媒介不一定是单一的。语言与非语言、一定的物资设备都是促进交往发生的载体。第三，对话是交往得以进行的保障。第四，平等与相互尊重是交往发生的前提。交往要充分体现双方的平等与相互尊重，交往是一种共享、共生的存在。交往发生时，交往双方之间是相互平等的，并且他们彼此是开放、自由、民主的，交往过程中他们相互影响、相互协调，并能从对方的话语、动作、表情中感受到喜悦，感受到交往带来的各自的变化。只有在这

① 姚纪纲：交往的世界——当代交往理论探索. 北京：人民出版社，2002 年，第 12-14 页

样的情境中，交往才能发生，沟通才有可能，理解才能实现，共生才能存在。第五，交往具有情境性。交往总是发生在一定的情境中，这个情境中的人和中介物都有各自的历史和文化背景。所以，他们之间的交往要以他们的生活世界为背景。第六，交往具有共生性。交往的结果是促进交往双方的进步和发展。进一步说，交往的根本意义不在于获得某种认识论意义的“主体间性”，而在于在平等的对话中展示、发现和发展自我，在交往中获得个人的完整性和全面发展。这是本书的立论基点。

第二节　教育与交往

中外教育史上有关教育与交往的探讨是一个历久弥新的话题。本节将从以下几个方面来综述有关“教育与交往”的相关探讨。

一、交往在教育中的作用

中西方的古代教育比较重视交往在教育中的作用。例如,《学记》中提出的“独学而无友，则孤陋而寡闻”及“教学相长”；孔子提出的“学而无常师”“三人行必有我师”；韩愈在《师说》中提出的“圣人无常师”,“道之所存，师之所存也”,“弟子不必不如师，师不必贤于弟子，闻道有先后，术业有专攻，如是而已”。还有古代西方教育中的苏格拉底的“产婆术”。苏格拉底认为，“教”这一行为是在教授者与学习者的关系之中形成的。他通过对话的方式把学习者从固有的观念中解放出来，体悟到自己的“无知”，再通过不断地启发，诱导学习者把正确的观点说出来，让双方在沟通、交往中探究真理。还有昆体良有关师生关系的讨论等。从中都可以看出中西方的古代教育非常重视人与人之间的交往在教育中的重要作用。

近现代有关“教育与交往”的讨论与研究也一直未间断。国外研究中，有关“教育与交往”的探讨可以追溯到 17 世纪的洛克，他的“白板说”孕育了交往理论的雏形。洛克认为，人是社会化的动物，必须与同胞为伍才能生存，相互间需要沟通以达到相互理解，这就是“交往”。[1]后来夸美纽斯、杜威等都对“教育与交往”有过相关论述。例如，杜威在其著作《民主主义与教育》中提到：社会不

① 转引自康海燕：“交往”在教育中的价值. 教育评论，2004 年第 1 期，第 33-36 页

仅通过传递、沟通继续生存，而且可以说，社会在传递、沟通中生存。[①]在杜威看来，人们在相互交往、沟通中，可以扩大甚至改变自己的原有经验。同时，为了能把某种经验全部地、正确地传递给对方，我们在交往、沟通中“除了论述平凡的事物和令人注意的话以外，还必须富有想象力地吸收别人经验中的一些东西，以便把自己的经验明智地告诉别人”[②]。所以，在杜威看来，经验是交互作用后产生的，这种经验不仅是主体与环境的交互作用，而且是同客体相互对话、同他人对话、同自身对话的重叠性交互作用的经验。而在这种经验的相互作用中，沟通就具有了教育性。依此，杜威得出“社会生活不仅和沟通完全相同，而且一切沟通都具有教育性”[③]的论断。雅斯贝尔斯在其专著《什么是教育》中提出：“教育是人与人精神相契合，文化得以传递的活动。而人与人交往是双方（我与你）的对话和敞亮，这种我与你的关系是人类历史文化的核心。可以说，任何中断这种我和你的对话关系，均使人类萎缩。如果存在的交往成为现实的话，人就能通过教育既理解他人和历史，也理解自己和现实，就不会成为别人意志的工具。”[④]在雅斯贝尔斯看来，“所谓教育，不过是人对人的主体间灵肉交流活动（尤其是老一代对年轻一代）”[⑤]。而这种交流活动就是交往。联合国教科文组织编著的《学会生存——教育世界的今天和明天》《教育——财富蕴藏其中》，美国教育家多尔的《后现代课程观》及日本教育家佐藤学的《学习的快乐——走向对话》等教育论著中的一些章节对“教育与交往”及其相关内容，如教学交往、师生关系等方面进行了讨论。

在我国教育领域，有关交往的研究始于 20 世纪 90 年代。叶澜在其相关著作中提出了教育的交往起源说[⑥]，金生鈜认为，“没有交往，教育关系便不能成立，教育活动便不可能产生。一切教育不论是知识教育还是品格教育都是在交往中实现的”[⑦]。桑新民也认为，“从教育本质的角度来看，教育是人类特有的遗传方式和交往方式”[⑧]。刘旭东提出：“人的发展是在交往中实现的。生命的价值

① [美]约翰·杜威著，王承绪译：民主主义与教育. 北京：人民教育出版社，2001 年，第 9 页

② [美]约翰·杜威著，王承绪译：民主主义与教育. 北京：人民教育出版社，2001 年，第 10-11 页

③ [美]约翰·杜威著，王承绪译：民主主义与教育. 北京：人民教育出版社，2001 年，第 10-11 页

④ [德]雅斯贝尔斯著，邹进译：什么是教育. 北京：生活·读书·新知三联书店，1991 年，第 2-3 页

⑤ [德]雅斯贝尔斯著，邹进译：什么是教育. 北京：生活·读书·新知三联书店，1991 年，第 3 页

⑥ 相关著作有：叶澜：教育概论. 北京：人民教育出版社，1991 年；叶澜，丁证霖：新编教育学教程. 上海：华东师范大学出版社，1991；叶澜：教育研究方法论初探. 上海：上海教育出版社，1999 年；叶澜，郑金洲，卜玉华：教育理论与学校实践. 北京：高等教育出版社，2000 年

⑦ 金生鈜：理解与教育——走向哲学解释学的教育哲学导论. 北京：教育科学出版社，1997 年，第 125 页

⑧ 桑新民：呼唤新世纪的教育哲学——人类自身生产探秘. 北京：教育科学出版社，1993 年，第 35 页

只有通过交往对丰富多彩的生活细细地感悟、体验后才会真正内在于人。教育是最有交往价值的活动，应关注人的生命价值的发现、挖掘和提升。”[①]刘铁芳提出：“教育应该关注儿童与周围世界的交往，引导他们不断理解与周围世界的差异，并与之达成某种‘共视’和‘共识’，建立某种关系，逐渐进入一个更明确、更充实的世界，使之走向合一。在此过程中，儿童逐渐践行与周围世界更多更广的关系，进而更多地获得人的本质，并由此进入新的更深的交往之中……教育不仅要通过交往造就人的本质，而且要让学生学会交往、乐于交往，并积极走向更深更广的交往。交往同时作为手段与目的统一在整个人的教育过程中。”[②]这些学者都强调了教育的交往本质观。

二、从不同角度对教育与交往领域下的“师生关系”的探讨

学者从不同角度对教育与交往视域下的“师生关系”进行了进一步探讨。例如，于学友从现象学角度出发，认为“应该把师生关系放到生活世界本身去研究，强调师生的主体间性”[③]。邵波从解释学角度对师生关系进行了研究，提出“教师和学生作为独立的精神主体应步入彼此的视界之中，并在其中相互理解、平等交流”[④]。有学者从社会学角度对师生关系进行了研究。例如，吴康宁提出：“在师生互动的具体教育场景中，学生常常会在实际教育活动中变为‘非受教育者’，并有可能充当‘教育者’，学生是具有超越性的‘受教育者’。师生之间应由静态的‘师教生学’关系转变为动态的‘共生互学’关系。”[⑤]周润智提出：“在学校领域，教师和学生是两个完全平等的群体，师生之间的关系应是一种以人类自我关爱为依托的平等的双向关系。”[⑥]傅定涛从文化生态视域出发，主张建立和谐、民主、平等、共生的生态型师生关系。[⑦]范红霞以人本主义思想为核心，提出“师生关系应是充满了民主、平等、宽容和理解的同伴探索式关系”[⑧]。王国金从法学视角出发，提出“教师和学生之间是平等和谐的民事主体，应形成平等的师生

① 刘旭东：论教育对生活世界的回归. 安徽师范大学学报（人文社会科学版），2004年6期，第719-722页

② 刘铁芳：走向生活的教育哲学. 长沙：湖南师范大学出版社，2005年，第126页

③ 于学友：主体间性：理解师生关系的新视角. 当代教育科学，2004年19期，第10-12页

④ 邵波：哲学解释学视角下的师生关系重构. 教学研究，2005年5期，第392-394，399页

⑤ 吴康宁：学生仅仅是“受教育者”吗？——兼谈师生关系观的转换. 教育研究，2003年4期，第43-47页

⑥ 周润智：学校教育价值的失落与复归——师生关系的社会学解读. 南京师大学报（社会科学版），2002年1期，第80-86页

⑦ 傅定涛：文化视野中的大学师生关系研究. 长沙：中南大学硕士学位论文，2005年，第38-39页

⑧ 范红霞：论“同伴探索”式师生关系模式. 教育研究，2003年4期，第48-52页

关系”[①]。燕良轼和马秋丽以生命理论为研究视角，提出“师生关系是教师生命主体与学生生命主体共同建构的关系，教师和学生没有明显的角色界限，他们之间互为目的，在相互培养与创造过程中实现共同成长”[②]。后现代主义倡导者也从不同角度研究了师生关系。例如，多尔提出：“教师不要求学生接受教师的权威，相反，教师要求学生延缓对那一权威的不信任，与教师共同参与讨论，探究学生所正在体验的一切。教师同意学生理解所给予建议的意义，乐于面对学生提出的质疑，并与学生一起共同反思每个人所获得的和心照不宣的理解。”[③]包华士从教育生态学的角度研究师生交往，他认为，“教室是一个观念和权力的生态系统，教师是其中的管理员，学生则在这个生态圈中接受教师提供的信息，同时在与教师对话的过程中增强其沟通能力及文化读写能力”[④]。我国学者杨晓认为，“在人们获取知识的渠道越来越多的今天，教师在学生面前的知识占有者身份的权威性地位已经不复存在，师生之间应是民主平等的关系，应去除教师的中心地位和权威地位”[⑤]。李方认为在平等的师生关系中，“教师的作用没有被抛弃，而是得以重新构建，从外在于学生的情景转向与情景共存。权威也转入情景之中，教师是内在于情景的领导者，而不是外在的专制者。教师是‘平等中的首席’”[⑥]。曹永国提出应“注重师生相处的情感性与生命互动。师生是出于内心需要而走近对方，而不是经过理性的选择来建立某种关系，师生都以真实的自我出现，师生之间的交流是一种实质性的情感交流”[⑦]。在心理学领域，也有一些学者从不同角度对师生关系进行了相关研究，如研究师生态度对师生关系的影响、不同年龄阶段师生关系的结构及类型等。

三、教学领域对教育与交往关系的讨论

我国学者对“教学”概念的界定进一步明确了教学具有交往性。李秉德和李定仁认为，“教学就是指教的人指导学的人进行学习的活动。进一步说，指的是教和学相结合和相统一的活动”[⑧]。王策三提出“所谓教学，乃是教师教和学生学的

---

① 王国金：试论法律意义上的新型师生关系. 黑龙江高教研究，2005 年 8 期，第 71-73 页

② 燕良轼，马秋丽：论生命视野中的师生关系. 教师教育研究，2006 年 1 期，第 50-54 页

③ [美]小威廉姆 · E. 多尔著，王红宇译：后现代课程观. 北京：教育科学出版社，2000 年，第 228 页

④ 转引自顾明远，孟繁华：国际教育新理念. 海口：海南出版社，2003 年，第 83 页

⑤ 杨晓：后现代教育学中的师生关系重构. 教育科学，2004 年 5 期，第 47-50 页

⑥ 李方：后现代教学理念探微. 教育研究，2004 年 11 期，第 35-40 页

⑦ 曹永国：师生关系：从相处到相依——后现代性批判. 教育理论与实践，2004 年 9 期，第 37-41 页

⑧ 李秉德，李定仁：教学论. 北京：人民教育出版社，1991 年，第 2 页

统一活动"[①]。顾明远在《教育大辞典（第一卷）》中对"教学"的界定是"教学是以课程内容为中介的师生双方教和学的共同活动"[②]。孙喜亭反对将师生关系看作"人与人"、"民主平等"和"协作伙伴"的关系。"因为教学中的师生关系是一种特定的社会角色关系。教学中师生关系是应以教学内容为媒体的'教'与'学'的关系。'教'与'学'是师生关系的规定关系。"[③]此外，也有学者从其他角度对教学领域的交往做了讨论。陈旭远认为，"教学交往就是在教学过程中，以具有一定意义的语言为中介的人与人之间的相互影响、相互促进的活动"[④]。张广君提出"教学是专门组织的，以特定文化价值体系为中介，以人与文化的双重建构为核心，以完成预定任务为目的的师生交往活动"[⑤]。李瑾瑜提出"教学过程不仅包含着师生之间知识信息、思想情感信息的沟通，更包含师生彼此了解、期待的人际认知，还有师生之间相互影响和作用的互动行为"[⑥]。田汉族提出教学交往实践是现代教学的本质[⑦]，并在此基础上提出了"交往教学论"，认为"教学过程是通过师生、生生的互动，不断促进教师和学生自我生成与建构的过程。这种互动是通过语言交往、信息交流、精神交往而实现的"[⑧]。李轶芳提出"教学实践中师生、生生交往的类型应是多样化的，但目前却存在交往单一化、交往有限和低效性等问题，提倡建立多向性的教学交往、意义性的教学交往、合作性的教学交往以及竞争性的教学交往"[⑨]。

四、课堂领域对教育与交往关系的讨论

课堂是教学的主要场所，也是师生在学校生活的主要场域。课堂领域对教育与交往关系的相关研究较多。例如，课堂交往的有效性研究、课堂交往对象的差异性研究、课堂交往的冲突研究、课堂交往的语言研究，以及不同阶段、不同类型学校的课堂交往和不同学科的课堂交往研究等。

如此丰厚的研究成果使我们意识到教育与交往密不可分，交往对教育具有本

① 王策三：教学论稿. 北京：人民教育出版社，1985 年，第 88-89 页
② 顾明远：教育大辞典（第一卷）. 上海：上海教育出版社，1990 年，第 178 页
③ 孙喜亭：也谈教学中的师生关系. 教育理论与实践，2000 年 10 期，第 37-38 页
④ 陈旭远：关于交往与教学交往的哲学认识. 东北师大学报（哲学社会科学版）. 1998 年 5 期，第 86-92 页
⑤ 张广君：教学的交往本体观论要. 教育评论，1998 年 6 期，第 24-26 页
⑥ 李瑾瑜：教学交往研究的方法论思考. 西北师大学报（社会科学版），1998 年 6 期，第 41-46 页
⑦ 田汉族：教学交往实践：现代教学的本质. 河北师范大学学报（教育科学版），2000 年 2 期，第 54-59 页
⑧ 田汉族：交往教学论的特征及理论价值. 教育研究，2004 年 2 期，第 38-42 页
⑨ 李轶芳：教学交往的现实缺失及救治. 教育评论，2005 年 4 期，第 64-67 页

体论价值，是教育自身发展的内在需求。李家成对教育与交往有这样一段描述，他说："教育涉及诸多价值主体，每一学生、每一教师、还有其他社会主体，都期待着教育为他们带来利益。教育原本就是一个孕育与产生利益的场所。面对这一复杂的'教育'，教育'中'的人采取何种立场与思维取向，就成为影响教育功效的重要因素。在我看来，如果能接受利益差异、寻求共赢、将个体以外的世界视为个体生命的资源，则教育很可能会成为利益增生的地方，'财富蕴藏其中'。教育中的师生交往，就是这样一种孕育活动，财富蕴藏在这种关系中。"①作为学校教育交往的最基本方式，师生交往无时无刻不存在于学校场域中，学校最基本的活动——教学活动无一不通过它来实现。师生交往不仅是构成教育的最基本条件，而且对教育、教学活动的顺利完成及教育质量有重要影响，对师生各自的发展也是一个极为重要的变量。所以，师生交往作为学校教育交往的最基本方式，既包含着神圣而浓厚的意蕴，又显得平常而朴素。李家成进一步指出"师生交往的人性前提是师生同是生命个体，师生之间虽不同但相通"②。我们一般认为，师生作为交往双方存在知识与能力上的差异，每个人的人生阅历与体验都有很多不同，从某种意义而言，教师对此的获得相对而言要先于学生，尤其在早期（如中小学阶段）。但无论是教师还是学生，"首要的取向是获得更好的生活而不仅仅是生活自身，是获得生命的意义感"③。教师与学生共享在交往中形成的丰富资源，学习一切有利于自身发展的内容，并利用它改造自己的生活，不断完善自己，实现自己的生命价值。教育研究的"场"主要在学校，而学校教育的"场"主要在学校课堂。课堂作为各级各类学校教育活动的基本构成部分，在学校教育中具有举足轻重的地位。教育实现"为人—育人—成人"目标的主阵地也主要在学校及学校的课堂。所以，本书将研究视域放在课堂生活中，主要探讨交往视角下的大学课堂生活。

第三节　课堂生活

人类早期，人们积累的生产、生活经验通过人与人之间的口耳相传得以延续，田间地头、庠序是最初的课堂形态。随着生产和社会的不断发展，学校以一种专

① 李家成：论师生交往的个体生命价值. 集美大学学报（教育科学版），2002 年 1 期，第 37-42 页

② 李家成：生命个体：教育的一种人性假设. 海南师范学院学报（人文社会科学版），2001 年 2 期，第 55-63 页

③ 李家成：论师生交往的个体生命价值. 集美大学学报（教育科学版），2002 年 1 期，第 37-42 页

门化的教育场所存在于生活世界中，尤其是班级授课制广泛实施后，课堂成为学校日常生活的主要场域，教师、学生、教室、教学活动共同构成了课堂生活。所以，人类早期的教育与生活同构。

在理论研究方面，教育与生活是近年来教育研究者关注的重大话题，通过文献检索，我发现以教育与生活、学校生活、教学生活和课堂生活为主题的文献较多。丰富的理论成果足显当下学者对教育与生活、学校生活、教学生活和课堂生活的关注与思考。同时，国内外一些学者和教育家通过身体力行，如深入学校、深入课堂，亲自实践并检验他们所倡导的教育理念。例如，杜威在芝加哥实验学校的实践；陶行知在南京晓庄试验乡村师范学校（现南京晓庄学院）的实践；赞科夫在一线小学进行的“教学与发展”的实验；日本学者佐藤学作为“付诸实践的行动者”，在日本各中小学、幼儿园等一线学校的课堂，与教师共同实践“学习共同体”的教育改革主张；等等。在我国当代，叶澜与她的团队创建了“生命·实践”教育学派，在前后长达 20 年的时间，深入上海、江苏等中小学班级和课堂，开展学校教育变革研究的团队构建，与当地的中小学老师及管理者一同实践并不断完善“生命教育”理念；郭思乐提出“生本教育”理论，倡导“一切为了学生”的价值观，“高度尊重学生”的伦理观，“全面依靠学生”的行为观，“小立课程，大作功夫”的课程观，并在广州的一线学校进行实践探索；21 世纪的第一个十年，我国发起了新一轮基础教育课程改革（简称为“新课改”），在全国范围义务教育阶段的中小学以自上而下和自下而上两种方式推行课程改革，取得了很多成就，也引发了对一些问题的思考。这些教育学者的身体力行告诉我们，学校和课堂是教育研究滋生的土壤，更是检验教育理论与教育实践的“场”，教育教学质量是检验教育教学改革的关键和核心，而教学质量问题的实质是教师与学生过一种什么样的课堂生活。所以，关注课堂生活，在课堂生活中践行教育的本质，对于提升课堂生活质量及学校生活质量有着十分重要的意义。国内外学者从不同角度对课堂生活进行了相关研究，我在查阅相关文献的基础上将其综述如下。

一、国外相关研究

在国外的相关研究中，较早对课堂生活进行系统研究的学者是赞科夫，他的《教学论与生活》一书从教学与学生个体发展的关系角度对课堂生活进行了阐述。在另一本专著《和教师的谈话》中，赞科夫再次谈到课堂生活。他指出，课堂教学不仅要在内容上反映生活，更要注意“儿童在课堂上的生活，不要忘记学生本身的生活”[①]。他强调应从精神生活，如思想、感情和愿望等的意义上来理解生活。精神生活既可能是积极的、丰富的、多方面的，也可能是贫乏的、萎靡不振的、单调的。[②]赞科夫、杜威及陶行知的观点相似，赞科夫也注重从学生生活出发来改造以教材、教室、教师为中心的课堂生活，但未提及课堂生活对于教师的生命意义。那么，在交往视角下，关注学生在课堂上的生活，从教室、教学资料或者教学活动的哪些方面入手能引起交往，引发交往的继续，并使交往贯穿于课堂生活的始终呢？这是本书需要寻找的一些点和面。

菲利普·杰克逊的著作《课堂生活》揭示了与课堂生活相关的许多谜团。[③]杰克逊认为在课堂生活中，师生必须应对群体、赞扬和权力，并强调教学工作困难重重、课堂情境复杂多变，课堂决策并非一件容易的事情，所以教师常常要在不完全知情的情况下迅速做出决定。

多勒从生态学角度研究课堂，认为课堂是一个有机环境，并提出了课堂生态系统观，认为教师和学生是生活在课堂这个有机环境里的“居民”，课堂是由“居民”和“环境”相互作用而形成的有机的生态系统。在课堂中，人与人之间、人与环境之间的相互作用与相互影响使课堂充满活力。所以，多勒认为课堂并不是一个静止的空间，而是一个教师与学生共同生活、成长且相互作用、相互影响的动态生成过程。[④]这样的课堂具备五个重要特点：一是多元性。课堂上会发生不同的事件，并且课堂上发生的一件事可能会产生多种结果。二是同时性。课堂上的很多事情是同时发生的，如在课堂讨论时，教师不仅要倾听学生的观点并做出反应，而且要照顾没有参与讨论的学生，掌握他们理解和领悟的状况。三是即时性。上课进度是比较快的，教师必须在许多事情发生的同时做出合理的反应。四是难以预料的公共课堂气氛。课堂上的事情通常不会按计划或希望的那样发生。五是历时性。一个班的学生和教师相处一段时间后，就会形成共同的规范，并促进相互了解。例如，学生从老师在课堂上与一些学生的互动方式中就可以知道老师对这些学生有怎样的感觉；在学年起始阶段发生的事情，有可能会影响到这一学年其他时间段里的课堂作用方式。[⑤]多勒将课堂界定为生活在课堂中的“居民”（教

---

① [苏]列·符·赞科夫著，杜殿坤译：和教师的谈话. 北京：教育科学出版社，1980 年，第 8 页

② [苏]列·符·赞科夫著，杜殿坤译：和教师的谈话. 北京：教育科学出版社，1980 年，第 9 页

③ 转引自[美]古德，布罗菲著，陶志琼等译：透视课堂. 北京：中国轻工业出版社，2002 年，第 1 页

④ Doyle W. Classroom organization and management//Wittrock M C. Handbook of Research on Teaching. New York: Macmillan, 1986: 392-431

⑤ [美]古德，布罗菲著，陶志琼等译：透视课堂. 北京：中国轻工业出版社，2002 年，第 2 页

师与学生）和课堂这个环境相互作用、相互影响而动态生成的有机的生态系统，这里的相互作用、相互影响就是我们所说的交往，如何使课堂成为这样一个动态生成的有机生态系统，交往便是其中的关键因素。教师在备课、上课过程中，应考虑课堂的多元性、同时性、即时性、难以预料性、历时性等特点，让课堂发挥合力，使课堂中人与人之间、人与环境之间在相互作用与相互影响中充满活力，让课堂成为一个教师与学生共同生活、成长且相互作用、相互影响的动态生成系统。

美国著名的教育专家古德和布罗菲多年来一直深入课堂进行实践研究，他们的代表作《透视课堂》被誉为课堂研究的经典之作。这本专著开篇便提到做课堂生活研究主要有四个目的：第一，帮助教师和未来想做教师的人形成描述课堂情形的方式方法；第二，使教师意识到他们的教学经验和生活经验、生活中的历史和现实因素都有可能影响他们的课堂决策；第三，建议教师使用学生感兴趣和对学习及社会发展有积极影响的教育教学方法；第四，帮助教师理解当前的教育研究，正确运用相关的理论和概念，把研究成果同他们自己的课堂教学方法结合起来，从而对教学产生新的理解并改进自己的教学。①古德和布罗菲通过教师期望、课堂组织与管理、课堂动机、课堂指导、学生之间的相互合作等对如何建构课堂生活提出了自己的见解。这些见解多来自他们在课堂实践研究中所做的大量的课堂观察与访谈，并在此基础上形成了丰富、生动的课堂案例。同时，这些案例的写作手法多种多样，有课堂写真、观察记录，还有访谈资料摘录、课堂片断呈现等。

美国教育家弗兰德斯从相互作用的角度揭示了课堂活动的本质。弗兰德斯将课堂上师生的相互作用分为三大类（教师的间接影响、教师的直接影响、学生的讲话）共十个类目，认为教师的间接影响主要表现在接受学生的情感、表扬或鼓励、接受或采用学生的见解和提问这四个方面；教师的直接影响主要表现在讲授、指导、批评或证明教师权威的正确性这三个方面；学生的讲话主要表现在学生的反应性讲话、学生的主动性讲话、学生的沉默或混乱这三个方面。②弗兰德斯主要运用课堂观察和话语实录分析的研究方法对课堂活动进行量化分析，指出：教师的直接影响较多时，学生的参与会不足；教师的间接影响较多时，学生的参与就更多。③弗兰德斯还提出了课堂“三分之二规则”，即大约有 2/3 的课堂时间的主

① [美]古德，布罗菲著，陶志琼等译：透视课堂. 北京：中国轻工业出版社，2002 年，第 1 页

② 王坦编译：弗兰德斯相互作用分析理论及其教学应用. 山东教育科研，1988 年 1 期，第 64-68 页

③ 马志远，孟金卓，严峻鹏：教学互动对教学质量影响的实证分析——基于上海一所地方大学的实证研究. 复旦教育论坛，2011 年 2 期，第 51-56 页

要表现形式为讲话，讲话时间的 2/3 主要是教师在讲话，而教师的讲话有 2/3 是产生直接影响，多表现为讲授、指导和控制学生。[①]弗兰德斯的研究表明，教师在语言方面主导着课堂，学生在课堂上基本处于被动地位。所以，教师应在课堂上为学生留出一些时间和空间，通过多种方式、方法对学生施加间接影响，启发、激励学生，提高学生在课堂教学中的参与度，让自己与学生在课堂上都有生命的体验感，有所收获。同时，弗兰德斯的课堂师生互动的三大类十个类目的内容为本书提供了研究课堂生活交往的更多视角和反思。例如，教师提问与学生回答是我们常见的课堂上师生互动的主要形式，但这种互动形式在课堂上的实际表现是否体现了交往的本质？课堂中，谁主动发起的提问与回答较多？学生的回答或者教师的回答与后续提问之间的关联度有多大？对于学生的回答，教师给予了什么样的反馈？除了提高知识与技能等显性的目标外，课堂中师生的情感、体验等隐性目标在交往中有何体现？

日本学者佐藤学被称为“付诸行动的研究者”，他长期深入日本各地中小学课堂进行实地观察，并与一线教师一起做研究。他认为“课堂是学校改革的中心”，并指出，唯有从课堂教学层面进行的改革，才可能有新的课程和新的“学习共同体”的产生。佐藤学指出，目前全世界各国学校的课堂都在进行“静悄悄的革命”，都在由“‘教授的场所’变为‘学习的场所’；从以‘目标—达成—评价’为单位的程序型课堂转变为以‘主题—探究—表现’为单位的项目型课程；从班级授课制的模式转向合作学习的模式；学校不仅仅是儿童合作学习、共同成长的所在，更是教师们作为教学实践专家共同学习和成长的所在”[②]。可以看出，在佐藤学的教育教学观念中，学校生活中存在不同形态和层次的“学习共同体”。在此基础上，佐藤学吸收了苏格拉底对话思想的精髓，提出“学习是相遇与对话，是与客观世界对话（文化性实践）、与他人对话（社会性实践）、与自我对话（反思性实践）的三位一体的活动”[③]。佐藤学认为“真正的学习是一种对话与修炼的过程”。在学习中，通过与他人的合作、与多样思想的碰撞，产生并雕琢自己的思想。他强调真正的学习必须包含三个因素：相互倾听、有挑战性、符合学科本质。而在这三者中，相互倾听是学习的出发点。同时，佐藤学提出，当前的教育交往是一种

① 王坦编译：弗兰德斯相互作用分析理论及其教学应用. 山东教育科研，1988 年 1 期，第 64-68 页

② [日]佐藤学著，钟启泉，陈静静译：教师的挑战——宁静的课堂革命. 上海：华东师范大学出版社，2012 年，中文版序，第 1 页

③ 曾国华，于莉莉：专访佐藤学：“学习是相遇与对话”. 中小学管理，2013 年 1 期，第 23-25 页

经济构造形态下的交往，当前的教育交往中存在“赠与”、“互酬”、“再分配”及“交换”等凸显“经济交往”的现象。佐藤学非常反对把“学力”这个词运用到教育话语中，他认为“学力”是市场经济的概念，是货币的隐喻。佐藤学对学习本质的探讨对我们反思当前学校教育、课堂教学活动及重构课堂有很多启示。在“学习共同体”的建设中，佐藤学提出改革的核心在于以学习为中心的课堂教学的创造。以日本神奈川县茅崎市滨之乡小学为实例[①]：教师常常在各个教室展开和实现与事物对话、与伙伴对话、与自我对话的“活动性、合作性、反思性学习”的教学创造。例如，教师发挥各自的个性与利用各自的经验，对教室环境进行改造，如重新布局便于小组讨论的课桌、椅子；每个教室的色调也与众不同，有的教师用绿色盆景装扮教室，喻义同儿童构筑柔和的关系；有的教师以儿童的肢体表达为主题，创造了富有想象力的体态教学；有的教师重视儿童用绘画来表达的方式，培育儿童以细腻的感性面开展对事物与人物的学习；有的教师在每日的教学中精练话语，组织用语深刻的课堂教学；有的教师布置田野作业，鼓励学生从日常生活中学习社会科，田野作业有家长与儿童一起欣赏诗词、创作诗词，也有儿童和家长、社区人士一起深究家政科的烹调活动，还有儿童同家长和市民一起展开的社区环境学习，等等。在这个过程中，所有参与者都在寻求学习的乐趣。在这样的课堂中，每一个教师和学生都以各自的面貌，创造并推进着个性化的课堂生活；每一个人的见解都得到充分表达、碰撞和共享，交往在课堂这个“学习共同体”中得到了充分的体现。另外，佐藤学提出，目前很多学校由于过分夸大了学科差异，教师之间缺乏相互沟通和相互学习，校内研修出现形式化现象。所以，他提出：“推进教学创造的基础在于建构教师之间相互切磋教学、相互学习的‘同事性’。”并认为，“从内部推进学校改革的必要条件就是在学校中形成作为创造教学的专家共同成长的‘同事性’”。[②]在“学习共同体”的构筑中，佐藤学特别强调，无论是在课堂、教职员室，还是在同社区的关系上，一切学习都围绕“尊重每一个人的差异，构筑相互学习的关系”这一核心课题展开，尤其要重视在课堂中构筑“相互倾听的关系”。佐藤学的“学习共同体”理论为我们思考交往视角下的课堂生活提供了很多启发，教室环境的布置、课堂中的对话与倾听、合作学习、学生作业的布置、教学研讨等都可以作为实现交往或以交往者为形式在课堂生活中存在的横切面和纵切点。

① 钟启泉：“学习共同体”的范例——日本佐藤学教授访谈. 全球教育展望，2006 年 4 期，第 3-6 页

② 钟启泉：课堂改革：学校改革的中心——与日本佐藤学教授的对话. 全球教育展望，2004 年 3 期，第 3-6 页

二、国内相关研究

国内学者也从不同视角对课堂生活进行了探索与研究。施良方和崔允漷主编的《教学理论——课堂教学的原理、策略与研究》从课堂教学原理、课堂教学策略、课堂教学研究三个方面对课堂理论做了系统的阐述，注重教师的教，而对于学生的学未做探讨。

1997年，叶澜在《教育研究》上发表了《让课堂焕发出生命活力——论中小学教学改革的深化》的文章，该文明确揭示了一些课堂上存在的诟病：课堂教学成为机械、沉闷和程式化的认识活动，缺乏生气与乐趣，缺乏对智慧的挑战和对好奇心的刺激，学生厌学、教师厌教。叶澜认为这是课堂教学过程中忽视人的因素的突出表现，她提出："课堂教学应被看作师生人生中一段重要的生命经历，是他们生命的有意义的构成部分。对于学生而言，课堂教学是其学校生活的最基本构成部分，它的质量，直接影响学生当前及今后的多方面发展和成长；对于教师而言，课堂教学是其职业生活的最基本的构成部分，它的质量，直接影响教师对职业的感受、态度和专业水平的发展、生命价值的体现。"①所以说，"课堂教学蕴含着巨大的生命活力，只有师生的生命活力在课堂教学中得到有效发挥，才能真正有助于新人的培养和教师的成长，课堂上才有真正的生活"②。该文中的这些观点引发了教育界的关注及讨论，更触动了很多一线老师，教学理论界与诸多的一线学校开始了对课堂教学及其研究的讨论及反思，由此也掀起了课堂教学研究的一股热潮。

郭元祥认为，目前我国中小学课堂教学中存在诸如课堂教学远离生活世界，偏重书本世界；课堂教学脱离现实生活，缺乏对儿童可能生活的合理构建；课堂生活的物理空间和精神空间狭小；乏味单调的理性生活是目前学校课堂生活的主旋律，不能满足学生完满的精神生活的需要等较突出的问题。所以，他提出重建课堂生活需要关注学生基本的生活形式和生活空间，必须全面关照学生在课堂上的认知、理解、体验和感悟等多种生活形式，同时，需要拓展课堂教学的物理空间（如班级规模和教学组织形式等）和精神空间（如师生关系的建立、教学方法和教学手段的选择等）。③

以吴康宁为代表的学者从社会学角度分析和研究了课堂生活。他们认为，

---

① 叶澜：让课堂焕发出生命活力——论中小学教学改革的深化. 教育研究，1997年9期，第3-8页

② 叶澜：让课堂焕发出生命活力——论中小学教学改革的深化. 教育研究，1997年9期，第3-8页

③ 郭元祥：论课堂生活的重建. 教育研究与实验，2000年1期，第25-29，72页

学校的课堂教学是一种特殊的社群活动，并从社会文化角度研究了课堂中的师生交往，认为在这种文化中存在显性的有目的、有计划的师生交往与隐性的其他交往。[①]他们根据不同标准对课堂师生互动的类型进行了划分：根据教师行为对象的不同，分为师个互动、师组互动、师班互动；根据师生行为的属性，分为控制-服从型、控制-反控制型、相互磋商型，观察其相互作用的机制。[②]吴康宁及其弟子从不同角度出发，对课堂中的师生交往进行了分析。例如，程晓樵等观察了小学五年级课堂上，教师与学生之间在教学过程中的直接对话、个体的言语交往行为和教师交往行为，得出如下结论：教师的交往行为没有明显的性别倾向；教师对扮演不同角色的学生，给予不同的交往机会；教师在选择交往对象时带有较明显的价值倾向，比较注重与学生干部交往；教师的课堂交往行为受学科性质的影响。[③]程晓樵等还从学生主体角度出发分析课堂教学中师生交往的情况，认为学生在课堂交往行为方面存在着主体差异，表现在以下几方面：学生在课堂中的行为与性别有关；学生的地位和角色直接影响其在课堂中的交往行为；学生的课堂交往行为受其学业成就的影响。[④]刘云杉等从言语交往主体的构成和言语交往行为的构成两方面分析了学生的课堂言语交往行为。[⑤]吴永军等从课堂交往时间的角度，分析得出我国小学课堂交往时间构成的特点：师生交往占绝对优势，生生交往严重不足，学生群体间的交往（即组际交往）缺失；而师生交往又主要由师个互动、师班互动构成，师组互动几乎没有。[⑥]刘云杉还从权力关系角度分析了师生互动。[⑦]独特、多样的分析角度为丰富交往视角下的课堂研究提供了理论参考。

郑金洲针对当前中小学课堂中存在的教条化、模式化、静态化和单一化弊端，提出了“重构课堂”的倡导。首先，要梳理原有的课堂观念。课堂是师生双方交往、互动的舞台，课堂是引导学生发展和充分展示教师教育智慧的场所。其次，

---

① 吴康宁：课堂教学社会学. 南京：南京师范大学出版社，1999 年，第 89 页

② 吴康宁：教育社会学. 北京：人民教育出版社，1998 年，第 354-366 页

③ 程晓樵，吴康宁，吴永军，等：教师课堂交往行为的对象差异研究. 教育评论，1995 年 2 期，第 11-13 页

④ 程晓樵，吴康宁，吴永军，等：学生课堂交往行为的主体差异研究. 南京师范大学学报（社会科学版），1995 年 3 期，第 74-79 页

⑤ 刘云杉，吴康宁，程晓樵，等：学生课堂言语交往的社会学研究. 南京师范大学学报（社会科学版），1995 年 4 期，第 56-60 页

⑥ 吴永军，吴康宁，程晓樵，等：我国小学课堂交往时间构成的社会学分析. 上海教育科研，1995 年 5 期，第 36-39，42 页

⑦ 刘云杉：师生互动中的权力关系. 湖南师范大学教育科学学报，2008 年 1 期，第 55-57 页

要以个性化教学观为指导，实现六个方面的关注：关注学生的生活世界，打破学生书本世界和生活世界之间的界限；关注学生的生命价值，给学生以主动探索、自主支配的时间和空间；关注学生的生存方式，构建民主、平等、合作的师生关系；关注学生的心理世界，创设对学生有挑战性的问题或问题情境；关注学生独有的文化，增加师生之间以及生生之间多维有效的互动；关注学生的生活状态，打破单一的集体教学的组织形式。最后，课堂的重构可以借助开展研究、加强反思、制度创新、注重培训，尤其是校本培训等途径来完成。①

劳凯声从微观政治学和微观社会学出发，认为可以从两种视角来研究课堂生活②：一种是把课堂生活研究的内容划分为课堂结构、课堂制度、课堂秩序、课堂权利和课堂知识等；另一种是划分为课堂交往、课堂关系、课堂沟通、课堂纠纷、课堂影响、课堂话语、课堂行为和课堂习俗等。他认为课堂生活中的这些要素构成了课堂的一种政治和社会生态，这种生态又可形成一系列的问题，课堂生活研究就是研究这些问题的。

王鉴在对课堂进行历史考察之后提出，对课堂的理解最少有三种③：第一种是指课堂教学的场所，即教室，教学论研究中把它作为教学环境加以研究；第二种是指课堂教学，即发生在教室里的教学活动，由于传统的课堂中课程是刚性的，课堂教学研究只是从教学内容的角度加以考虑，所以传统教学论的重点在于研究教学活动及其构成要素；第三种是指一个学习型共同体，这个共同体是学生成长、发展和教师专业提高的共同体。他认为，从“实然”来看，第一种对课堂的理解只是一种条件性的理解，第二种认为课堂是人类专门的知识传授场所，第三种则认为课堂是人才培养的专门场所。他强调从“实然”到“应然”是不断发展的，“人的培养”是传授知识的目的，也是传授知识的理想；“传授知识”是人才培养的手段，也是人才培养的基础。王鉴认为，传统的课堂是一种“知识课堂”，是以知识为本或知识至上的课堂。在这样的课堂上，学生沦为知识的“奴隶”，成为被知识“异化”的人；教师在这种“法定课程”下不仅缺乏创造性，而且重复着单调、乏味的操作性教学，且失去了对教学最基本的兴趣与信心，从而产生了职业倦怠感。所以，王鉴倡导建立以人的发展为本的“生命课堂”的课堂模式。

---

① 郑金洲：重构课堂. 华东师范大学学报（教育科学版），2001 年 3 期，第 53-56 页

② 劳凯声：现代文化视野中的课堂生活研究，第四届“学校改进与伙伴协作”学术研讨会交流论文. 北京：首都师范大学，2010 年

③ 王鉴：课堂研究概论. 北京：人民教育出版社，2007 年，第 59-60 页

综上，有关交往、教育与交往及课堂生活方面的研究呈现出以下几个特点。

第一，注重将交往作为一种手段或方式，而忽视了交往本身的教育性。交往对教育具有本体论意义，是教育自身发展的内在要求。

第二，研究者从不同角度对课堂进行了研究，但大多集中在课堂教学层面，或者单纯从教学环境角度研究各个因素对教室中的人的影响。我们知道，课堂生活是学校生活的一个缩影，是学校场域中的一个主要场域，所以，课堂是物理空间、精神空间和制度空间的统一体，课堂生活是以日常生活为背景，以专业生活为核心，以现实社会生活为源泉所进行的生命与生命之间心灵的对话、情感的认同和思想的碰撞，师生在这个过程中相互影响、共同生活。

第三，“师生关系”与“师生交往”在很多研究中是互用的。本书认为关系与交往是有区别的，“关系”是基于关系两者（人与人之间、人与物之间、国家与国家之间等）的交往过程及其结果而建立的，是外在的。马克思说：“一个人的发展取决于他直接和间接进行交往的其他一切人的发展。”[①]而对于教育而言，没有交往，教育就不能发生，教育活动便不可能推进。“一切教育不论是知识教育还是品格教育都是在交往中实现的。”[②]交往是师生关系得以建立和表征的最基本形式，离开了交往，师生关系只能是外在的，而不能成为教育力量的真正源泉。“在教育中肯定交往的意义暗含着对平等、民主的人际关系和个体开放心态的倡导，以及尊重差异和鼓励独特性、崇尚个性和主体性。”[③]所以，本书将“交往”作为核心概念。

第四，相关研究多从师生交往角度分析课堂交往中存在的问题，本书认为，除了师生交往外，生生交往和师师交往也是课堂交往的主要类型，三者共同构筑课堂这个“学习共同体”。

第五，师生双方的共同进步和全面发展是教育的目的。目前的研究过多偏重交往促进学生的发展，而忽略了对教师的影响。另外，大学课堂交往除了应促进大学师生知识、技能的提高及情感、态度、价值观的发展外，还应对双方思维的进一步训练、学术及科研能力的提升有积极的助推作用。

第六，无论是交往研究还是课堂研究多集中在基础教育阶段，有关大学课堂

---

① 中共中央马克思恩格斯列宁斯大林著作编译局编译：马克思恩格斯全集（第 3 卷）. 北京：人民出版社，1960 年，第 515 页

② 金生鈜：理解与教育——走向哲学解释学的教育哲学导论. 北京：教育科学出版社，1997 年，第 125 页

③ 肖川：论教学与交往. 教育研究，1999 年 2 期，第 58-62 页

生活及大学交往方面的研究成果较少，而将二者结合起来的研究则更少。本书认为课堂生活离不开交往，只有交往在大学生活世界得以真正实现，才能构建美好的大学课堂生活，完成“育人”“成人”的教育目的。

第七，目前收集到的有关大学交往和大学课堂的文献中，理论研究较多，实证研究较少。相关的一些实证研究多以问卷调查为主，加以个别访谈。本书认为，交往是一个具有较强情境性和实践性的活动，而课堂生活具有多样性、复杂性和丰富性，课堂中的主体——教师和学生是具有生命活力的个体，所以观察、访谈、深描、案例研究及叙事研究等研究方法更具有针对性。

综上所述，目前的研究现状显然无法诠释交往视角下复杂、丰富的大学课堂生活，更难以为大学教育教学改革提供有力的学术支持。

第二章

交往视角下大学课堂生活的研究构架

第一节 分析框架

从教育本质上来说，教育即交往，交往对教育具有本体论意义，是教育自身发展的内在要求。课堂是学校教育教学的主要场所，“学习共同体”凸显了课堂的本质属性。在此意义上，教育是以交往为立足点，以日常生活为背景，以专业生活为核心，以现实社会生活为源泉所进行的生命与生命之间心灵的对话、情感的认同和思想的碰撞等的过程。作为教育活动的主体，教师与学生将在交往中相互影响、共同生活，最终实现“成人”的目的。本书视教室为师生课堂生活的主要物理空间，视教学活动为师生课堂生活的主要活动，从交往的视角出发，重点对大学课堂中的生活形式和生活空间进行讨论。所以，本书拟分别从宏观和微观两个层面进行分析，宏观上围绕师生交往、生生交往、师师交往，将发生在教室和教学活动中的一切交往形态作为研究的主要内容；微观上以课堂时间为脉络，从课前、课中、课后三个时间段分析交往视角下的大学课堂生活。

一、教室中的交往

从教学场所的角度来说，教室是课堂的物化形态，研究课堂交往首先要考虑教室中的物质设施如何布置及使用，只有这样才能引发和帮助交往的产生与继续，而不是成为影响或阻碍交往发生及进一步深入的障碍物。国内外一些学者从环境的角度研究课堂，在这一角度下，课堂环境可以分为物质环境和精神环境。所谓课堂的物质环境，主要指教室的面积与方位，教室中的温度、光线和声音，教室中各个物质设施的布置等；课堂的精神环境（也称为课堂的心理环境），则主要指在与课堂有关的经济环境、政治环境、文化环境、科技环境、家庭环境、同学关系等的影响下，形成的有关课堂教育的态度、风气和观念等心理状态及心理现象。也有学者将课堂环境理解为课堂气氛加以研究；还有研究表明，课堂的物质环境和心理环境会影响受教育者的学习动机和对教育的重视程度。[①]在本书中，交往视角下的课堂物质环境是研究的一个主要方面。同时，本书还认为，课堂精神环境是在师生与课堂物质环境、制度环境和教学活动的交互中产生的。所以，教室中能引发交往的物资设施、设备等将成为本书主要分析和阐释的方面，具体包括教室内部环境的布置、课桌椅的摆放方式、教室的教学设备、大学生座位选择、教师在课堂上的站位等。

二、教学活动中的交往

课堂中的教学活动基本上是围绕以交往为存在或表现形式的言语活动和非言语活动展开的，这些活动在呈现为课堂教学活动时，会以什么样的形态存在？本书将以此为着眼点去寻找这些课堂教学活动中的交往形态，如课前互问礼、课堂讲授、课堂提问与回答、合作学习、大学教师间的互相听课、大学作业、大学考试等。

这里需要说明的是，本书中的“课堂”主要限定在教室之内，且以大学普通教室为主，诸如体育、美术、音乐等学科的课堂及大学的实验室、微机室等专门教室不在本书的研究范围之内。同时，课堂时间在本书中只是一个脉络，没有严格依据 1 个课时的课堂教学时间来划分课内和课外的交往形态。例如，“大学生的座位选择”发生在课前，“教室中教学设备的运用”“教师在课堂上的站位”贯穿于课中，而“作业”与“考试”发生在课后，但却延伸了课中的教学活动，是发生在课后的教学活动。

至此，本书认为，大学课堂生活是教师与学生以日常生活为背景，以专业生活世界为核心，以社会生活为源泉引发的以交往为核心的实践活动。在这个“学习共同体”中，通过不同文本的相互作用与相互影响，最终实现师生共同发展，共建学校美好生活。

第二节　研 究 设 计

一、研究思路

本书以“教育即交往”为理论起点，以大学课堂生活为主要研究对象，考察存在于大学课堂这个丰富、复杂、多元、流动的生活世界中的各种交往形态与交往形式，分析这些交往形态和交往形式背后承载的教育理念。具体来说，主要的

① 屈智勇：国外课堂环境研究的发展概况. 外国教育研究，2002 年 7 期，第 21-25 页

研究路径包括以下三个方面。

第一，通过相关文献研究，提出理想的大学课堂生活及交往视角下大学课堂生活的分析框架。

第二，进入现场，通过现场考察，展现并分析大学课堂生活中的各种交往形态与交往形式。

第三，在现场研究的基础上，提出构建交往视角下大学课堂生活的主要策略。

二、主要的研究方法

（一）文献法

对于科学研究来说，文献法是基本的研究方法。在本书中，文献法的使用主要是通过查阅学术期刊、著作，上网检索等途径收集国内外有关教育与交往、教育与生活、大学课堂生活等方面的理论与实践的研究资料，了解相关研究动态，借鉴已有研究成果，为本书提供理论支持。

（二）质的研究方法

本书以质的研究方法为主要的研究方法，Denzin 和 Lincoln 对质的研究方法的界定是："质的研究是将观察者置身于被观察世界之中的研究活动。它包含一系列可以使被观察的世界变得清晰起来的阐释性、经验性的实践活动。这些活动改变了这个研究世界，并将研究对象的世界变成一系列的'作品'，如现场笔记、访谈、交谈、照片、录像以及有关自身的备忘录等。在这一意义上，质的研究者研究事物的方法是在研究对象的现场背景下，试图对被人们赋予意义的现象做出理解和阐释。"[①]我国学者陈向明将其引入教育研究领域，提出"质的研究是以研究者本人作为研究工具，在自然情形下采用多种资料收集方法对社会现象进行整体性探究，使用归纳法分析资料和形成理论，通过与研究对象互动对其行为和意义建构获得解释性理解的一种活动"[②]。陈向明在其专著《质的研究方法与社会科学研究》中提到，从历史渊源和发展阶段上来看，质的研究方法来自民族志、人种志、文化人类学等不同的思想和方法传统，并在发展历程中受到现象学、阐释学、叙事研究、扎根理论、批判理论等的影响。但总体来说，质的研究的发展趋势呈

---

① Denzin N K, Lincoln Y S. Handbook of Qualitative Research. London: Sage Publication Inc, 2000: 7

② 陈向明：质的研究方法与社会科学研究. 北京：教育科学出版社，2000 年，第 12 页

现出“从传统、现代到后现代，从封闭到开放，从一元到多元，从事实描述到意义解释，从论证理论到建构现实，从追求‘科学’到重视人文，从‘客观性’到‘主体间性’，从写语言到写文化，从构建宏大理论到地域性知识，从价值无涉到价值有涉，从学术研究到实践行动”①的特征。

需要说明的是，本书主要借鉴了王鉴提出的“课堂志”的研究方法。王鉴提出，课堂志源于民族志的名称与方法的启迪。课堂志研究是教学研究者深入研究对象之中，直面研究现象，搜集第一手研究资料，全面描述课堂中的课程实施与教学活动等，或探究其发展规律，或进行合理的解释与说明，进而将自己的发现和体验用一种较微观的整体描述方法进行归纳和分析的研究方法。即课堂志的研究过程为观察—访谈—深描—案例，其中“深描”是课堂志研究的重要特征，其目的是让读者尽可能了解真实的情况，感受真实的课堂教学情境和体验课堂教学过程，使读者体会研究者的感受，促使他们关注和思考同一类问题。课堂志研究的特点主要表现在它是质的研究、直观的研究、描述性的研究和微观的研究等几个方面。②

综上，在质的研究过程中，研究者可以根据研究需要及个人风格，在研究的不同阶段和研究结果的呈现方面采用更多不同，但适合研究需要及研究者本人的具体方法。

（三）研究对象的选取

本书研究对象的选择主要依据目的性抽样原则和结合方便原则，选取西北地区N大学和X大学两所普通高校作为个案。

第一，目的性抽样原则。N 大学是国家“一流学科”建设高校、国家“211工程”重点建设高校，也是省部共建的综合性大学，属教学研究型大学。截至2019年底，N大学有教职工2700余人，其中，专任教师有1600余人，本科专业有78个；有全日制普通本科在校生17 780余人、研究生3600余人、少数民族预科生1100余人、在校留学生近200人、继续教育学生14 000余人，是一所具有理、工、农、经、管、文、法、艺等多学科的综合性大学面向我国26个省（自治区、直辖市）招生。③近年来，N大学出台了一系列人才培养及本科教学的相关方案，强化

① 陈向明：质的研究方法与社会科学研究. 北京：教育科学出版社，2000年，第45页

② 王鉴：课堂研究概论. 北京：人民教育出版社，2007年，第189-205页

③ 数据来源于N大学简介。

了人才培养的中心地位，以“人格健全、基础扎实、具有社会适应能力和发展潜力”为培养目标，进行了“加强基础、强化实践、发展特长、注重创新、分流培养”的本科教学改革，并且构建了两个方案（专业培养方案、人才培养方案）、完善了两个体系（“四位一体”课堂教学质量评价体系和教学质量监控体系）、打造了五个平台（通识教育平台、教师教育平台、课程建设平台、学生实践能力培养平台、学生创新能力培养平台），来保障和提高本科教学质量。2007 年，N 大学在教育部本科教学工作水平评估中获得优秀等次。X 大学是省部共建的综合性师范大学，是国家重点支持的西部地区十四所大学之一，属教学研究型大学。截至 2019 年底，X 大学有教职工 2100 余人，其中，专任教师有 1300 余人，设有 26 个二级学院、65 个系、3 个教学部，以及 77 个普通本科专业，涵盖了哲学、经济学、法学、教育学、文学、历史学、理学、工学、管理学、艺术学等 10 个学科门类；有全日制普通本科学生 17 700 余人、研究生 8500 人、留学生 400 余人、继续教育学生 8900 余人，面向全国 31 个省（自治区、直辖市）招生。[①]X 大学连续五期实施本科教学改革工程，2003 年，在教育部本科教学工作水平评估中获得优秀等次；2008 年，在教育部英语本科专业评估中获得优秀；2010 年，被评为全国学校艺术教育先进单位。从基本概况来看，目前本科教育教学依然是这两所大学的工作重心，两所大学的发展和变革在中国西部高校具有一定的代表性，所以，本书选定 N 大学和 X 大学作为研究对象。

第二，结合方便原则。美国教育研究协会的斯蒂克在《个案研究的艺术》一书中提到，在个案研究中，样本选择的“首要标准是我们能从中学到最多的东西。根据我们的目标，确定哪些个案可以使我们理解，使我们作出结论，甚至能使我们得出概括性的结论。我们进入实地工作的时间总是很有限的，如果可以的话，我们需要选择那些能够更容易进行我们研究的个案”[②]。而在走进课堂，并在课堂中进行观察、记录，课后与任课教师、学生做访谈的工作中，任课教师就是最坚定的“守门员”，每位教师都不愿“外人”随意踏入他的场域，尤其是大学教师。所以，我将我工作的学校 N 大学和学习经历最长（本科、硕士和博士）的学校 X 大学作为研究对象。

第三，我在 N 大学有 13 年的本科教育教学工作经历加上在 X 大学有 10 年的学习经历，使我不断游走于“局内人”与“局外人”之间，既可以从“局外人”

---

① 数据来源于 X 大学简介。

② Stake R E. The Art of Case Study Research. Thousand Oaks: Sage Publications, 1995: 169

（作为学生、同事、研究者）的角度相对客观地进行观察、访谈，也可以用“局内人”（作为任课教师）的身份去体验、反思自己的课堂教学，而在这些所历、所感、所悟中，“局内人”与“局外人”的身份始终在不断转换，在本书的研究历程中，我力图寻求作为“局内人”与“局外人”共同的“视域融合”。

（四）研究资料的收集

研究资料的收集是质的研究的关键环节，为了获得真实、详尽的资料，本书主要运用观察法、访谈法和实物收集法等方法。其中，本书中的观察法既包括参与型观察法，也包括非参与型观察法。陈向明说：“参与型观察和非参与型观察不一定是一个相互截然分开的类型，它们之间还可以有很多结合的形态。”[①]建构主义者 Hammersley 和 Atkinson 说：“研究者只有成为社会世界的一部分，才有可能理解这个世界，真正意义上的‘局外人’是不存在的。”[②]所以，在研究过程中，作为不断游走于“局内人”和“局外人”之间的我更多采用的是参与型观察法，主要深入大学本科一至四年级不同课程类型的课堂，观察发生在大学课堂生活中的各种交往形式与交往形态，并记下观察的感想。同时以相机、录音笔为辅助设备，对课堂教学过程进行录音并整理为一手资料。调研初期，我基本是借助各种熟人关系，经任课教师同意后才进入其课堂进行观察研究的。在这个过程中，欣然或很爽快地同意我进入课堂的大学老师很少，遭拒绝的次数更多，有的老师是婉转拒绝，也有断然拒绝的。尤其是同事、朋友介绍去的课堂，有些老师似乎是为我的研究而上那节课，感觉在“为难”那些老师。所以，在调研过程中，有几次我是穿“学生装”，没有与任课教师打招呼而进入一些大学课堂做观察的，这种“潜伏”调研虽然有悖于研究方法使用中的伦理问题，但却能观察到真实的大学课堂场景，收集到真实的一手资料。调研期间，我在 N 大学和 X 大学共观察 40 多堂课，共 70 多个课时（有的课只听了其中 1 个课时），年级以大学本科一、二、三年级为主，大四学生在第二学期只有两三门课，4—5 月份时，很多毕业生因为找工作、参加面试或其他等原因，缺课率很高，所以大四的课只听了两次。课程类型有通识课[③]（学生和老师习惯叫其“公共课”），也有专业课，观课、听课的课

---

① 陈向明：质的研究方法与社会科学研究. 北京：教育科学出版社，2000 年，第 229 页

② Hammersley M, Atkinson P. Ethnography: Principles in Practice. London: Routledge, 1983: 102

③ 大学课程的类型，大部分高校分为通识类课程和专业类课程，也有部分高校分为公共课、学科基础课和专业课 N 大学的本科人才培养方案（2009 年版）中总体上将课程类型分为通识类课程和专业类课程两大类，并对两类课型再进行细的划分而在平时，学生和老师都习惯地将其分称为公共课、专业课和选修课。

程有毛泽东思想与中国特色社会主义理论体系概论（被学生简称为“毛概课”）、形势与政策、高等数学、自然科学基础、马克思主义政治经济学原理（被学生简称为“马原课”）、社会学基础、大学英语、教育学原理、班级管理、课堂观察与分析技术、生理心理学、心理咨询实务、统计学、大学物理、实用文书写作、人才学、西方政治思想史、分离方法、计算机组成原理、职业生涯规划与管理、性与生殖健康教育等。

课堂观察结束后，采用随机取样方式选取班上的 1—2 名学生作为访谈对象。例如，在课堂上积极参与教学活动的学生；或不主动发言，但会一步一步紧随教师教学环节的学生；或基本不参与课堂教学活动，自己看书或玩手机、睡觉的学生；或做课堂观察时坐我前后排的学生。选好后在课间向他们询问做访谈的意愿，这些学生没有人拒绝我的访谈邀请，有好几名学生还在约定的时间带来他的同学，他们一点都不避讳我，当我是一个倾听者，原本计划 40 分钟的访谈，很多时候因学生真情的畅所欲言会延长到一个多小时，访谈中学生还根据我的问题给我介绍他们的任课教师及其课堂，滚雪球式的访谈也成为本书的主要访谈类型。针对学生，主要采用半结构式访谈（访谈提纲见附录 1），访谈中还有一些问题是从被访谈学生的话语中引出后做的追问。在与学生的访谈中，很多时候我是一个倾听者，倾听他们对大学课堂的向往、失望与期望，倾听大学课堂生活带给他们的收获、感悟与体验。课堂观察和学生访谈也提供给我一些新的有关大学课堂生活中的交往形式与交往形态的研究视角，如大学的 PPT 教学、大学教师相互听课等。教师访谈一般在课间或课后进行，时间是 10—20 分钟，多数大学教师不坐班，没有教学任务时一般不会来学校，所以单独约时间做教师访谈很难。在我的研究中，专门约时间做访谈的只有四位教师，其中有三位教师是早上三、四节的课，下午五、六节还都有课，中午不回家，然后一起吃午饭时兼做的访谈。课堂观察与访谈在研究中是相辅相成的，观察到的一些现象可作为访谈内容的切入点，同时可以与访谈内容互相印证。访谈学生的专业有汉语言文学、历史、思想政治教育、教育学、心理学、物理、化学、生物、电气工程、网路工程、旅游管理、地理、日语等。共访谈学生 26 人、教师 16 人。

调研期间，我还采集了一些照片、短时录像、“小纸条”（学生对开放性问题的回答）、命题小作文、学生作业评语、听课记录表、督导工作条例等与本书主题相关的“个人”及“官方”的实物资料，用于对研究内容做进一步的分析与阐释。

（五）研究资料的整理与写作

调研结束后开始写作时，我有很多困惑，如何将这些庞杂、零散、交织在一起的“珍珠”串成一条美丽的“项链”？封·马南提出，民族志的研究结果一般有七种方式可以写成：现实主义的故事、忏悔的故事、印象的故事、批判的故事、规范的故事、文学的故事、联合讲述的故事。[①]王鉴提出的课堂志的撰写方式为观察—访谈—深描—案例[②]，陈向明在其《质的研究方法与社会科学研究》一书中提到：“质的研究报告的写作不仅仅是对研究结果的呈现，而且是对研究资料进行思考、建构社会现实以及行使作者权利的活动。由于作者思考方式的不同、看待世界方式的不同、对自己的权利的意识和处理方式不同，写作的具体实践也呈现出千变万化、丰富多彩的样式……作为作者，我们应该根据自己的思考、自己的角色意识以及自己研究项目的具体情况选择合适的写作方式，‘写’出我们自己在与被研究者的互动中所构造的社会现实。”[③]

在实践调研部分的写作中，我的思路是以课堂时间为基线。课前（本书的第四章），我走进大学课堂，看到的是以“教室”这个物化形态呈现出的大学课堂生活，包括大学教室课桌椅的摆放方式、大学教室内部四壁的装饰与设计、教室的教学设备等，描写“教室”这个物化形态中能引发交往的课堂生活形式。课中（本书的第五、六章），描述学生和教师进入课堂，在以教学活动为主线展开的课堂生活过程中能引发交往的课堂生活形式，如大学生座位的选择、大学教师在课堂上的站位、大学课前的师生互问礼、大学课堂中的提问与回答、大学的讲授课、大学的 PPT 教学、大学教师间的听课等。课后（本书的第七章）描述以教学活动的课后延续形式存在的交往形态，如大学作业、大学考试等。最后为结论（本书的第八章），主要以“深描”和叙事方式来写作，然后以案例方式呈现对研究资料的整理，再尝试对其做出意义阐释，揭示交往视角下大学课堂生活承载的教育理念。

另外，还要说明的一点是，案例中出现的教师与访谈的学生，以姓氏的首字母为其称谓，当课堂中出现较多学生而无法一一对应上其名字时，以字母顺序代替对他们的称谓。

---

① 转引自陈向明：质的研究方法与社会科学研究. 北京：教育科学出版社，2000 年，第 352-365 页

② 王鉴：课堂研究概论. 北京：人民教育出版社，2007 年，第 189-205 页

③ 陈向明：质的研究方法与社会科学研究. 北京：教育科学出版社，2000 页，第 374 页

第三章

大学课堂生活的本质

第一节 交往、教育、生活世界三者的本质及关系辨析

一、交往是人生存在世的基本方式之一

从哲学角度看，人是一个能赋予自己新生命的主体。马克思曾说："人本身是人的最高本质"，并认为人总是"使自己成为衡量一切生活关系的尺度"[①]，这是人与其他自然物尤其是与其他生命个体最大的区别，因为人能"使自己的生命活动本身变成自己意志和意识的对象"[②]。马克思进一步指出："人的本质并不是单个人所固有的抽象物。在其现实性上，它是一切社会关系的总和。"[③]所以，人不是一个封闭的存在，而是一个未确定化的、有待发展和完善的存在。人在与自然、社会及他人的交往中认识和理解人所在的生活世界，并在这个过程中不断积累、成就人的本质，以自己的行动在广泛的交往中达成与生活世界的共生。人是交往的主体，其他文本作为人与人之间交往的媒介最终促进人的交往。交往在人的成长和发展中具有重要的作用。正如海德格尔所说，交往是人生存在世的基本方式之一。[④]人是交往的产物，且只有在交往中人才成其为人。刘铁芳从哲学角度对交往做了阐释，他提出，真正的交往至少应该包含以下特征："第一，差异是交往的基础，差异的存在导致交往；但交往不是克服差异、排斥差异，更不是用一种既

① 中共中央马克思恩格斯列宁斯大林著作编译局编译：马克思恩格斯全集（第二版）（第 1 卷）. 北京：人民出版社，1995 年，第 469 页

② 中共中央马克思恩格斯列宁斯大林著作编译局编译：马克思恩格斯全集（第二版）（第 1 卷）. 北京：人民出版社，1995 年，第 469 页

③ 中共中央马克思恩格斯列宁斯大林著作编译局编译：马克思恩格斯全集（第二版）（第 1 卷）. 北京：人民出版社，1995 年，第 18 页

④ [德]海德格尔著，陈嘉映，王庆节译：存在与时间. 北京：生活·读书·新知三联书店，1987 年，第 146 页

定的同一性去抹杀差异，交往是在承认差异的基础上对差异性的理解。第二，交往是两个或两个以上主体间的活动，真正的交往是基于独立主体之间的交互活动。第三，交往意味着参与交往的对象乐于积极地接纳对方，并倾吐自我，在相互接受与倾吐的过程中实现精神的相遇、相通。第四，参与交往的对象必须有足够的自由，方可使各自的内心敞亮，使交往走向深入。交往的双方作为具有独立人格的平等主体，彼此相遇相融，展开对话，实现人际中的彼此超越。"①所以，理想的交往意味着"去自我更新，去成长，去不断生成，去爱，去超越孤独的内心之牢笼，去关心、去倾听，去给予"②。

二、教育即交往

前已述及，古今中外有很多思想家、哲学家和教育家从不同的角度对"教育是什么"做出了解释，并以历史时代为时间脉络，回顾了各个时代具有代表性的有关"教育本质"的探讨。首先，前文从词源学角度分析了中西方对"教育"内涵的理解，之后概述了不同时代、不同学派的教育家和思想家对"教育是什么"的阐释。例如，进步主义教育运动的倡导者杜威提出人类和其他动物不同，人类是社会性动物，而社会的组成不是因为人们同处一地，而是因为大家具有彼此互通的信仰、意识和情感。如果缺乏这种互相维系的精神因素，人们尽管共处一地也难以形成真正的社会。那么怎样才能形成这种互相维系的共同精神因素呢？杜威提出这就有赖于人们之间彼此进行联系和沟通，而教育就是最有效的联系和沟通。同时，他提出教育并不是强制儿童静坐听讲和闭门读书，而是对生活、生长和经验的改造。德国存在主义哲学家雅斯贝尔斯说："所谓教育，不过是人对人的主体间灵肉交流活动。"③我国的蔡元培先生在 1922 年 3 月发表的《教育独立议》中提出："教育是帮助被教育的人，给他能发展自己的能力，完成他的人格，于人类文化上能尽一分子的责任；不是把被教育的人造成一种特别器具，给抱有他种目的的人应用的。"④叶澜提出："教育本质上是一种特殊的交往活动。"⑤通过梳理我们可以发现，随着社会不断向前发

---

① 刘铁芳：走向生活的教育哲学. 长沙：湖南师范大学出版社，2005 年，第 124-125 页

② [美]埃·弗罗姆著，杨慧译：占有或存在——一个新型社会的心灵基础. 北京：国际文化出版公司，1989 年，第 77 页

③ [德]雅斯贝尔斯著，邹进译：什么是教育. 北京：生活·读书·新知三联书店，1991 年，第 3 页

④ 蔡元培：教育独立议//高平叔：蔡元培教育论著选. 北京：人民教育出版社，1991 年，第 377 页

⑤ 叶澜：教育研究方法论初探. 上海：上海教育出版社，1999 年，第 317 页

展，中西方教育理论界对教育本质的探讨逐渐落到教育对人的价值上：教育是一种“为人”“育人”“成人”的活动，强调教育的本质是有意识地影响人的身心发展，促进人的全面发展。

教育作为一种特殊的交往活动，使个体在与自然、社会及他人的交往中认识和理解人所在的生活世界，并在交往过程中帮助人不断认识、积累、发展和成就人的本质，最终实现“成人”的目标。所以，教育和交往互为手段和目的，教育即交往。

三、生活世界是教育与交往的背景

对于现实的人而言，不仅仅需要生存，更需要生活。生活的过程就是人展现其生命本质的过程。“人的生活世界是人的自然生命、精神生命和社会生命相互融合创造的世界。”①因此，生活世界对于人来说，是人生存之本，也是人成长与发展的源泉，是人开拓非生活世界的基础。如胡塞尔所言：“每一种实践的世界，每一种科学，都以生活世界为前提……另一方面，每一种由人类（个别地或共同地）形成着的东西和已经形成的东西，本身都是生活世界的一部分。”胡塞尔认为，生活世界是一个直观、具体、现实的世界，是一个日常的、伸手可及的、可感觉的世界，是能在流动中展现自己、不断突破自己的世界，并且这个世界具有历史性和奠基性，是可被经验到的并发生着的世界，生活世界是人生之源。②而这种展现、突破、开拓、实践正是人类的交往活动，所以说“交往活动表达着生活世界的内容，生活世界组成交往活动的背景。离开生活世界，交往活动无法进行”③。哈贝马斯把交往行为组成的世界，即由日常语言支撑的世界称为“生活世界”。在他看来，生活世界不只是文化资源的存贮地，而且是一个复杂的相互作用过程的一部分，通过它，我们运用语言建立、维护和修补与他人的社会关系。

交往与教育在生活世界中相互影响，互为目的。交往是教育的主要手段，是开展与深化教育教学必不可少的途径，交往的质量不但会影响教育教学的质量，更会影响人在其中的成长和发展。真正的交往会使教育不断深化与提高，同时促进人在这个过程中自由地展现其生命力，不断地认识和完善自己。反过

① 孙正聿：哲学导论. 北京：中国人民大学出版社，2000 年，第 109 页

② [德]胡塞尔著，王炳文译：欧洲科学的危机与超越论的现象学. 北京：商务印书馆，2000 年，第 558-559 页

③ 刘旭东：对教育与生活关系的思考. 教育研究，2007 年 8 期，第 53-57 页

来，教育又是交往进一步深化的主要手段。通过教育，人可以更广泛地与生活世界进行交往，从而更深入地认识和了解生活世界。所以，“人在教育中，意味着人在交往中”[①]。教育即交往，交往是教育的本质，交往是以生活世界为背景展开的自由对话，生活世界是交往与教育的背景。教育以生活世界为背景，在交往中促进人的成长和发展，并最终实现“育人”“成人”的目的。

教育日常生活的主要场域在学校，学校日常生活的主要场域在课堂，课堂生活质量对于课堂中每个个体的发展及学校教育教学质量有重要影响。课堂生活的本质是什么？应该过一种什么样的课堂生活才能体现教育的基本理念？这是两个值得探究的课题。

第二节　课堂生活的本质探寻

一、课堂形态与生活关系的历史考察

教育与生活具有天然的关联性。据教育史料记载，人类最初的生产劳动教育、宗教信仰教育等都是在生产生活过程中完成的，可以说，人类最初的生活中便有教育，教育最初是融入生活之中的。当人们在生产生活中创造和累积的经验需要代代传递下去的时候，就产生了专门的教育场所及专门的人来传递这些经验，于是，最初的学校或者说最早的课堂和教师就产生了。在我国，课堂的产生可以追溯到奴隶社会时期的夏朝。在当时的庠序等场所，长辈们一边饲养牛羊等牲畜，一边教孩子们练习射箭并传授自己的一些生产生活经验。最初的教育就在这样的情境中发生了，这些场所成为我国历史上最早的学校教育的物化形态，也是课堂最早的萌芽形态，可以说，课堂最初是与生活同构的。

在之后的历史发展过程中，随着生产力的不断发展，社会主导产业发生了巨大变化，出现了社会分工与阶级利益的划分，教育也随之有了很大的变化，尤其是文字和专职教员的出现，使得学校和课堂逐渐从传承人类生产生活经验、宗教信仰等的场所慢慢变成专门传授知识的场所。例如，在我国漫长的封建社会时期，课堂多传授儒家思想及其道德知识，四书五经等的讲授与研读是课堂的主要任务。而在西方，课堂从一开始就是专门传授知识的场所。[②]“课堂从传授人类文化的场

---

① 刘铁芳：走向生活的教育哲学. 长沙：湖南师范大学出版社，2005年，第136页

② 王鉴：课堂研究概论. 北京：人民教育出版社，2007年，第57页

所慢慢变成了训练人的场所，慢慢成为单一乏味的场所。”[①]夸美纽斯提出的班级授课制得以广泛实施后，课堂进一步演变为“批量加工”人才的场所。这种状况在第一次工业革命后愈演愈烈，对高效率、大规模的追求同样侵蚀了学校的课堂，教育演变为传授、传播知识的工具，知识的授受成为学校课堂教学的唯一目的和任务，教育活动被简单化和模式化，人及其生命性被忽视，教育从生活中被剥离出来，课堂亦与生活背离，“知识课堂”成为课堂的基本存在形态。

面对教育、学校及学校课堂中存在的这种危机，一些教育思想家发出了教育改革的呐喊，他们开始关注教育与生活之间的关系。斯宾塞提出著名的“教育准备说”，即教育要为未来的完满生活做准备，表明他已意识到教育与生活的内在联系。19 世纪末 20 世纪初，美国正处于激烈的变革时期，杜威在当时美国的一些学校参观访问时观察到中小学存在课程内容贫乏、课堂教学呆板机械等问题。他认为当时的学校教育脱离了社会生活，跟不上社会变革的节拍，于是萌生了进行教育改革的想法，并于 1894—1904 年在芝加哥创立实验学校，以哲学和心理学为依据，进行课堂教学改革。“他把以粉笔和口讲为形式的课堂改变为儿童由活动而求知的课堂，把儿童静坐听讲的课堂改变成儿童为活动而随时移位的课堂。”[②]在教育实践改革的基础上，杜威提出应从生活角度来看教育，提出了“教育即生活”的命题。但在现实的学校教育中，学校是一个传授教材知识、学习固定课业的场所。例如，“我们给儿童太突然地提供了许多与这种社会生活无关的专门科目，如读、写和地理等……且这些东西的价值被认为多半要取决于遥远的将来，儿童之所以必须做这些事情，是为了他将来要做某些别的事情的预备而已”[③]。杜威认为这样的学校生活违反了儿童的天性，且使最好的伦理效果变得困难。因此，他提出：“教育在它自身之外无目的，它就是它自己的目的。学校科目相互联系的真正中心，不是科学，不是文学，不是历史，不是地理，而是儿童本身的社会活动。”[④]我国著名教育家陶行知深受杜威思想的影响，他继承了杜威“教育即生活”的观点，提出“生活即教育”“社会即学校”“教学做合一”等教育主张，并在南京创办了晓庄试验乡村师范学校进行实验。可以说，杜威和陶行知都倡导课

---

① 王鉴：课堂研究概论. 北京：人民教育出版社，2007 年，第 57 页

② 约翰·杜威著，王承绪译：民主主义与教育. 北京：人民教育出版社，2001 年，第 6 页

③ 约翰·杜威著：我的教育信条//华东师范大学教育系，杭州大学教育系编译：现代西方资产阶级教育思想流派论著选. 北京：人民教育出版社，1987 年，第 5-6 页

④ 约翰·杜威著：我的教育信条//华东师范大学教育系，杭州大学教育系编译：现代西方资产阶级教育思想流派论著选. 北京：人民教育出版社，1987 年，第 5-15 页

堂应与儿童生活相适应。赞科夫是最早关注教育与发展关系的教育学家和心理学家，他亦在一些一线小学开展了相关实验研究。在维果茨基“最近发展区”的基础上，赞科夫结合自己的实验提出了“发展性教学理论”。他认为，只有“解释教学结构与学生发展、进步之间的客观联系的性质，才能从根本上提高学校工作的效果”①。他提出教学论的核心是教学过程要使学生的一般发展取得成效。赞科夫指出，一般发展既包括智力发展，也包括情感、意志、道德品质、个性特点和集体主义精神及个人身体的发展，并认为一般发展与特殊发展（如数学、音乐、语言等某一方面才能的发展）在实现人的全面发展的过程中相互作用、相互促进、相互提高。他说：“一般发展是特殊发展的牢固基础，并在特殊发展中表现出来，而特殊发展又在促进一般发展。”②

在教育界关注教育与生活关系的同时，哲学界开展的相关研究与探讨也在如火如荼地进行着。20 世纪 20 年代以后，西方哲学界开始反思现代社会的危机，并围绕与人相关的生活世界的主题进行了深入阐释。现代哲学大师胡塞尔、维特根斯坦、许茨、哈贝马斯等都提出了生活世界理论。在胡塞尔看来，生活世界是科学世界与哲学世界存在的基础和前提。维特根斯坦认为，体验和价值是我们所共同生活的现实世界的主要生活形式。哈贝马斯批判吸收了胡塞尔的生活世界理论，并在其基础上提出了“交往理性”的概念。他认为，“工具理性”占据了人们整个生活世界，日常生活中人们的交往行为逐渐异化，他提倡人们要通过“交往理性”来解放和拯救自己，要在没有强制和控制的前提下进行真实、真诚、正确的对话。生活世界理论引发了很多学者对教育现实的反思：教育与生活之间的关系逐渐分离甚至割裂，教育成为“为未来生活做准备”的工具；教育漠视了人的主体地位，知识与成绩统占首位甚至是教育的全部空间，教育中的人反而处于卑微甚至是被忽略的地位。这种现实进一步投射到教育生活世界中更为具体、直观的学校和课堂时，“以校园围墙为标志的学校教育就从内容与方法上逐渐远离了人类社会的生产与生活，形成了以‘课堂为中心’、‘教材为中心’、‘教师为中心’的封闭式教学场所。从此，人类社会生活是一个世界，学校教育生活是另一个世界，教师和学生成为短暂停留于生活世界而长期驻足于教育世界的生活另类人”③。知识唯一、成绩唯一的标准与追求侵蚀了教师和学生原本展现生命活力的课堂生

① [苏]列·符·赞科夫著，俞翔辉，杜殿坤译：教学论与生活. 北京：教育科学出版社，1984 年，第 2 页

② [苏]列·符·赞科夫著，俞翔辉，杜殿坤译：教学论与生活. 北京：教育科学出版社，1984 年，第 25 页

③ 王鉴：论教育与生活世界的关系. 华中师范大学学报（人文社会科学版），2006 年 3 期，第 114-119 页

活，也危及着教师和学生的日常生活，所以，人们发出了“教育回归生活”“课堂回归生活”的呼喊。

二、课堂生活形态的不同划分

人的生活不会因为走进学校而中断。人们接受学校教育，是为了在教育中展现他们的生命本质，为了更美好的生活。课堂生活质量决定了教师和学生在课堂上过一种什么样的生活。而关于课堂生活形态，众多学者从理论角度纷纷著书立说，更有学者立足实践，从学校教育改革的重心——课程及学校教育改革的实践场所——课堂入手来践行他们的教育理念。

美国学者古德和布罗菲在课堂观察的基础上提出课堂存在不同的类型，并认为这些类型之所以呈现出差异不能完全归因于学生的问题，教师如何看待学生对课堂形态的形成具有重要的影响。他们从师生关系的类型出发，认为各级各类学校都存在对比比较强烈和鲜明的四种课堂类型，即“不能应对”型、“贿赂学生”型、“铁腕手段”型及“与学生合作”型。①

日本学者稻川三郎将课堂分为三种：第一种课堂完全以教师为中心，在教学过程中，教师多采用强制、灌输式的教学方法；第二种课堂依旧是以教师为中心，但在教学中，教师会关注激发学生的学习兴趣，如会经常提问学生、组织学生进行小组合作学习等。但总体上，教师依旧是课堂的操控者，课堂教学完全按教师制订好的教学计划一步步进行。稻川三郎认为这两种课堂是传统的旧式课堂，不能适应当前社会及个体的发展需要，所以，他提出要建立第三种课堂。在第三种课堂形态中，学生是主角，教师是配角，教师的主要作用是引导、辅导和帮助学生提高学习的能力，这样的课堂培养出的是适应未来社会发展的人。稻川三郎提出的课堂形态理论是一种从教师本位和知识本位的课堂向学生本位课堂的转变，体现了对人的重视，也凸显了教育的本真。②

日本学者佐藤学从课堂社会学角度将课堂分为三种形态。③课堂的第一种形态是在班集体的直接性归属意识与对课堂规范的无意识相互承认、结合后所形成的原始共同体社会。在这种课堂形态中，教师同时扮演专家和父母的角色，学生对

① [美]古德，布罗菲著，陶志琼等译：透视课堂. 北京：中国轻工业出版社，2002 年，第 166-167 页

② [日]稻川三郎著，太阳舜译：第三种课堂教学——培养会学习的学生. 上海：上海人民出版社，2002 年，第 127 页

③ [日]佐藤学著，钟启泉译：课程与教师. 北京：教育科学出版社，2003 年，第 145-146 页

教师非常尊敬和信赖。课堂中的知识与文化具有排斥异己并使之同质化的倾向，且对课堂外是不开放的。课堂的第二种形态是由课堂中权利义务的契约关系与制度性的角色关系所构成的群体性社会。在这种课堂形态中，教师是各种制度的制定者，学生以自主人和个性化的方式参与课堂，教师与学生之间是契约与不同角色的关系，课堂文化是以个人主义为基础的文化，与学校制度文化相对应。课堂的第三种形态是在实践中对前两种课堂形态中的人际关系加以变革后形成的学习共同体。在这种课堂形态中，教师同时扮演指导者和学习者的角色，与学生之间借助交互主体式的实践形成共同体关系，寻求与课堂内外各种共同体文化的关联，这种课堂形态以推进个人活动与合作活动的统一为目的，寻求个性认识的交流与共享的共同知识的形成。

王鉴依据我国课堂形态的现实将课堂划分为知识课堂和生命课堂。知识课堂以知识为中心，围绕“什么是知识”“什么知识最有价值”“如何设计和安排知识”等问题组织课堂教学，教师是“法定知识”的传授者，学生的学习以死记硬背和机械训练这些“法定知识”为主，课堂成为一种操作性教学模式的场所。与其相对，生命课堂不只为了传授知识而存在，更为了人的发展而存在，在这种课堂形态中，教师是一个专业研究者，学生是学习的主人，教学是开放的、多元的、生成的。所以，王鉴提出从知识课堂到生命课堂的课堂重构观。①

学者从不同角度对现行课堂形态做了各种类型的划分。我们看到，课堂形态在某种程度上反映了一个教师或一个学校，甚至是一个国家或社会的教育观及人才观，对理想课堂形态的追寻在某种程度上体现了社会发展进程中人们对理想教育的追寻。下面，我们通过文献分析，对理想的课堂生活形态进行梳理和概括。

三、理想的课堂生活形态

（一）生命课堂

生命课堂的提出源自对生命教育理念的倡导。20 世纪下半叶以来，国内外一些学者提出了生命教育的概念。在我国，关注个体生命的教育理论研究与实践探索始于 20 世纪 90 年代末期，随着生命教育理念的不断深入，一些学者开始从生命教育的视角关注课堂研究。例如，叶澜在其《让课堂焕发出生命活力——论中

① 王鉴：课堂重构：从“知识课堂”到“生命课堂”. 教育理论与实践，2003 年 1 期，第 30-33 页

小学教学改革的深化》的文章中指出，当前中小学的课堂中存在忽视人、忽视生命的诟病，提出课堂生活应是师生生命中有意义的一段经历，并认为“课堂教学蕴含着巨大的生命活力，只有师生的生命活力在课堂教学中得到有效发挥，才能真正有助于新人的培养和教师的成长，课堂上才有真正的生活”[①]。可以说，叶澜的这篇文章拉开了国内学者关注、研究生命课堂的序幕。同时，叶澜及她的团队在此基础上身体力行，从“新基础教育”研究到建立“生命·实践”教育学派，在前后长达20年的时间里，深入上海、江苏等地一线学校的课堂，实践并不断完善生命教育的理念。

王鉴是生命课堂的主要倡导者。他指出，知识课堂与生命课堂是“实然”与“应然”状态下的两种课堂模式，知识课堂是以知识为本或知识至上的课堂，生命课堂是以人的发展为本的课堂。熊生贵等的《新课程：生命课堂的诞生》及吴礼明的《建筑生命的课堂》两本著作通过一些案例来描述生命课堂。自此，生命课堂的理念在教育领域逐渐得到关注并被广泛接受，相关研究也逐渐增多。例如，李明高提出课堂应让生命自由地徜徉，“生命课堂的构筑要在课堂意识上凸现生命意识、生活意识、生成意识；在课程形态上要从‘向师’走向‘向生’，从‘蓝本’走向‘文本’，从‘听话’走向‘对话’，从‘经验’走向‘体验’，从‘独作’走向‘合作’，从‘单极’走向‘多极’；在课堂行为上应该关注学生参与程度、情感体验、合作交流、个性差异和生成状态”[②]。艾诗根认为，“课堂教学是基于教师的教和学生的学的双边互动交往的过程，它既是一门实践艺术，也是一种师生生命意义的价值建构的过程”[③]。所以，他提出课堂教学应凸显生命意义，生命化的课堂教学应内含生命教育和主体间性教育。李巧平提出，生命课堂应具有多元的教学目标、充满人文意蕴的教学内容、动态生成的教学过程和民主宽松的教学气氛。[④]夏晋祥认为，“‘生命课堂’就是指师生把课堂生活作为自己人生生命的一段重要的构成部分，师生在课堂的教与学过程中，既学习与生成知识，又获得与提高智能，最根本的还是师生生命价值得到了体现、心灵得到了丰富与发展，课堂生活成为师生共同学习与探究知识、智慧展示与能力发展、情意交融与人性养育的殿堂，成为师生生命价值、人生意义得到充分体现与提升的快乐场所”[⑤]。

---

① 叶澜：让课堂焕发出生命活力——论中小学教学改革的深化. 教育研究，1997年6期，第3-8页

② 李明高：课堂：让生命自由地徜徉. 当代教育科学，2005年13期，第31-33页

③ 艾诗根：生命化课堂教学：生成、特征和意义. 江西教育科研，2007年9期，第112-115页

④ 李巧平：论生命课堂——理论的探讨与现实的思考. 长沙：湖南师范大学硕士学位论文，2006年，第45-53页

⑤ 夏晋祥：“生命课堂”理论价值与实践路径的探寻. 课程·教材·教法，2008年1期，第26-30页

可以看出，生命课堂的倡导者注重课堂中个体的生命世界，关注师生的生命价值，认为课堂生活是师生借助课程实现相互交往、相互影响并不断提升生命意义的过程。

（二）学习型课堂

“学习型课堂”来源于20世纪90年代在管理理论与实践中发展起来并风靡全球的“学习型组织”这一概念，美国的彼得·圣吉认为，“在学习型组织中，大家不断突破自己能力的上限，创造真心向往的结果，培养全新、前瞻而开阔的思考方式，全力实现共同的抱负，以及不断一起学习并实现共同学习”[①]。他还提出了学习型组织的五大要素：自我超越、改善心智模式、建立共同愿景、团队学习和系统思考。[②]1965年，朗格朗在联合国教科文组织主持召开的成人教育促进国际会议上提出了“终身教育”的理念，“终身学习”的概念也随之产生。随后，联合国教科文组织针对国际教育的未来与发展进行了相关研究，并在此基础上出版了一系列经典论著，如《学会生存——教育世界的今天和明天》《教育的使命——面向二十一世纪的教育宣言和行动纲领》《教育——财富蕴藏其中》《从现在到2000年——教育内容发展的全球展望》等，其中明确提出：为了实现教育的使命，教育要围绕四种基本学习来加以安排，即学会认知、学会做事、学会共同生活和在这三者基础上形成的学会生存。自此，终身学习、学会学习、学习化社会等理念在全球范围内广泛传播并成为各个领域研究的关注点。

在教育社会学视野中，课堂作为一个微型社会，其内部也同样存在各级各类组织，但这些组织与其他社会组织唯一的不同点在于，课堂是为开展学习活动而存在的，也是为满足每一个人的学习需要而设立的。学习型课堂注重课堂中每个个体的学习，更注重通过课堂中每个个体的努力组成团体，通过合作学习来促进每个个体的发展。例如，潘永庆认为，在课堂教学中，多数学生不能做到与教师的课堂讲授同步学习，处于消极的应付状态，课堂效率低下，而后又通过家教、各种补习班等进行课外补习，学习负担日渐加重，并形成一种恶性循环。为此，他提出构建自主-互助学习型课堂，并在山东省潍坊市的一些中学课堂进行实践探

① [美]彼得·圣吉著，郭进隆译：第五项修炼——学习型组织的艺术与实务．上海：上海三联书店，1998年，第2页

② [美]彼得·圣吉著，郭进隆译：第五项修炼——学习型组织的艺术与实务．上海：上海三联书店，1998年，第167页

索研究。他认为，“自主-互助学习型课堂改变了原有的课堂结构，面向学生的认知差异，让每个学生在课堂上生动起来。所以，它要求教师将课程目标、课程内容转化为师生之间、生生之间互动的行为，转化为学生多样化的自主参与方式，变先教后学的教学方式为先学后教的教学方式，变教师是主宰为学生是主人，从而培养学生自主、创新的精神和独立思考的能力，提高学生的学习效率和课堂教学质量”[①]。纪德奎认为，“学习型课堂的建构要立足于对学习型组织的多维理解，以课堂愿景为动力源，以学习共同体为互动平台，促进学生由单维学习者角色向学研一体的双维角色的转变，以期达成学习型课堂三个维度的合理与均衡建构”[②]。

另外，在内涵上与“学习型课堂”相似的一种提法是“学习共同体”。国内外有很多学者认为课堂是以“学习共同体”形态存在的，并对此进行了研究。例如，日本学者佐藤学认为，“无论在课堂，教职员室，还是同社区的关系上，一切学习都围绕这样一种核心课题展开——尊重每一个人的差异，构筑‘相互学习的关系’，在课堂中构筑‘学习共同体’”[③]。我国也有学者将课堂视为“学习共同体”。例如，王攀峰认为，课堂是一个由教师和学生组成的“学习与生活共同体”，在这个共同体内，学生在自主活动、实践的基础上通过交往和对话来促进自己的发展；教师要在此基础上引导学生实现从个体性生存和发展方式向共生性生存和发展方式的转变，逐渐从“独存”走向“共生”“共在”。王攀峰提出建构“学习与生活共同体”应遵循以下基本原则：尊重差异，培育尊严；自由表达，互相倾听；对话合作，共同分享；公平竞争，相互促进；民主平等，共同发展。[④]安富海提出：“课堂作为学习共同体，实质上是把教师和学生从一种‘客位’的生活状态转向一种‘主位’的生活状态。课堂是教学主体通过交往和对话构成的一个学习共同体，是开展教学活动的舞台，是教师和学生生活的主要场所。课堂作为学习共同体应该具有教学目标的整体性、学习系统的开放性、学习过程的有序性、成员行为的主体性、师生关系和谐融洽等特点。”[⑤]王鉴认为，将课堂界定为“学习型共同体”，不仅突出了课堂的本质是一个典型的学习型组织，而且强调了学习型组织中的学习活动是一种融于学生生活的活动，有“共同体”的特征。他认为，“学习型共同

① 潘永庆：构建自主-互助学习型课堂的实践研究. 教育研究，2006 年 12 期，第 84-87 页

② 纪德奎：学习型课堂：理解与建构. 教育理论与实践，2011 年 3 期，第 57-60 页

③ 钟启泉：课堂改革：学校改革的中心——与日本佐藤学教授的对话. 全球教育展望，2004 年 3 期，第 3-6 页

④ 王攀峰：“学习与生活共同体”的建构原则初探. 课程・教材・教法，2006 年 6 期，第 29-34 页

⑤ 安富海：课堂：作为学习共同体的内涵及特点. 江西教育科研，2007 年 10 期，第 106-108 页

体强调了课堂的专业特点，即课堂是学生学习发展的一个组织，它需要科学和人文的信念，而不是急功近利的眼前利益；需要一定的组织结构与制度规范来保障学生的学习活动，而不仅仅是一种纪律的约束；需要培养学生的学习能力，而不是被动地继承知识，它强调的是共同体中的认同规范。所以，在课堂学习型共同体中，自由的家园和家园里认同的规范既相互依存又相互促进"[①]。刘光余等认为学习共同体的建立是学校转型的一个重要标志，建立课堂学习共同体是学校改革的最终落脚点，并提出构建课堂学习共同体的五个阶段：第一，共享愿景，寻求共同的情感归属；第二，建立规章，确定内化的行为标准；第三，解决冲突，建立互惠的合作关系；第四，沉浸体验，达成双赢的发展目标；第五，反馈信息，实现动态的持续发展。[②]林静涵从社会文化的视角出发，将课堂中的教与学视为教师与学生共同实践的活动系统，即课堂学习共同体，认为课堂学习共同体的建构是一个动态发展的过程，而师生互动是推动这个发展过程的主要途径。她进一步指出：课堂学习共同体的形成应是一个在活动系统中自然生成的过程，对话协商是这个过程的基础，师生之间平等、开放的交流是课堂学习共同体得以发展延续的主要因素；基于课堂学习共同体的设计应当是为了学习的设计，同时还需要关注那些通常被忽略掉的、参与的、自然发生的、相互协商的和整体的因素在学习中的作用。[③]时长江和刘彦朝认为，"课堂是教学主体通过交往和对话构成的一个学习活动的舞台，是教师和学生生活的主要场所。课堂作为'学习共同体'是一种教学主体共同确立意义、构筑关系的、文化的、社会的共同体，其人际关系是一种借助交互主体式的实践构筑的共同体关系"[④]。他们以思想道德修养与法律基础课程为例，探索课堂"学习共同体"的教学模式，在研究与实践的基础上提出了建构"学习共同体"课堂教学模式的五个环节："第一，基于真实性任务的教学；第二，学生发展建立在小组活动中积极互相依赖的基础上；第三，学生与学生、教师与学生之间的争论与协商达成共同的理解；第四，教师与学生或合作或独立地与共同体成员分享观点；第五，学生课外与专家、教师或学生的交流沟通。"[⑤]实

① 王鉴：课堂研究概论. 北京：人民教育出版社，2007 年，第 62 页

② 刘光余，邵佳明，董振娟：课堂学习共同体的构建. 中国教育学刊，2009 年 4 期，第 65-67 页

③ 林静涵：课堂学习共同体的建构研究. 成都：四川师范大学硕士学位论文，2012 年，中文摘要

④ 时长江，刘彦朝：课堂"学习共同体"教学模式的探索——浙江工业大学《思想道德修养与法律基础》课建设的研究与实践. 教育研究，2013 年 6 期，第 150-155 页

⑤ 时长江，刘彦朝：课堂"学习共同体"教学模式的探索——浙江工业大学《思想道德修养与法律基础》课建设的研究与实践. 教育研究，2013 年 6 期，第 150-155 页

验研究结果表明，课堂“学习共同体”教学模式的运用提高了学生的满意度，课堂教学效果得以改善。

还有一些学者从其他角度对学习型课堂进行了探索研究，这里不再赘述。从以上阐述中可以看到，学习型课堂追求将课堂构建为一个能够平等对话、相互启发、彼此激励、教学相长、合作学习和共生共创的空间，其中，交往是核心和纽带。

（三）生态课堂

生态学认为生命系统与环境系统间是相互影响与相互作用的，所以，生态课堂的倡导者认为课堂也是一个生态系统，课堂中的人与课堂环境之间相互交往、相互作用后形成一个有机的生态结构。1932 年，美国的沃勒在其著作《教学社会学》中首次使用“课堂生态学”一词，后来，随着生态环境逐渐被人类重视，我国教育界一些学者也将教育与环境之间的相互关系作为研究主题进行探讨。例如，李森认为，课堂是一个由教师、学生、教学事件和环境等组成的特殊的生态系统。作为课堂生态的主体，教师和学生与课堂生态环境之间通过各种各样的联系形成了一个有机的生态整体。生态课堂充满着生机与活力，具有整体性、协变性和共生性等基本特征，并发挥着滋养、环境参照、动力促进和制度规范等生态功能。[①]周士勤认为，“生态课堂是将学生、教师、学习内容、学习方法、学习评价和学习环境看成一个教学生态系统，并以此建立一种整体的、和谐的、可持续发展的以及符合学生生理特征和学习生活习性的课堂形态。生态课堂具有整体性、多样性和适应性的特点”[②]。朱开炎提出了“生态课堂”的教学模式，他认为生态课堂教学的根本目标要根据生态课堂的主体——学生的学习生态来建立，精选的知识应是能真正进入儿童视界，能被儿童喜欢、乐于接受和感悟的知识，并提倡重视讨论的常规化。他提出，生态课堂教学模式的基本流程可以通过领受—领悟—提升三阶段来进行。[③]杜亚丽认为，在生态课堂中，教学内容及其他各种信息与师生、生生相互作用并产生影响，从而形成一个“生态教学场”。在这个生态教学场中，由于组成该教学场的诸生态因素（如生态主体的遗传、家庭背景、社会环境及其他物质因素和非物质因素）存在很多不同，所以，课堂要发挥自我创生、物质代

---

① 李森：论课堂的生态本质、特征及功能. 教育研究，2005 年 10 期，第 55-60，79 页

② 周士勤：“生态课堂”的基本涵义、特征及认识. 教育科学论坛，2007 年 1 期，第 40-41 页

③ 朱开炎：生本教育的生态课堂教学模式. 课程・教材・教法，2004 年 5 期，第 34-36 页

谢、生态效应、生态安全、生态稳定性、整体周流和有机关联等基本功能，使课堂生态系统能有机、合理地运行，最终使每一个个体和群体在其中通过交流与互动，达成共同成长的目标。[①]

（四）和谐课堂

“和谐课堂”的倡导者以构建和谐社会及和谐教育为教育理念，认为和谐课堂是顺利完成教学任务、提高教学质量、培养全面发展的高素质人才的必要条件，并提出和谐课堂的特征表现为：师生关系民主、平等、融洽，课堂教学过程完整、生动、流畅，教学结果激情、益智、悦心。[②]构建和谐课堂要从明确和谐课堂主体的职责，营造良好的制度环境、和谐的课堂心理环境、和谐的课堂物理环境，实现课堂教学与学校其他工作的和谐统一和提高教师构建和谐课堂的能力等方面入手。[③]还有学者以高校课堂为研究视角提出建设高校和谐课堂的具体策略。例如，母小勇和朱苏认为，在后现代背景下，构建高校和谐课堂的目的是引导大学生体验自由和幸福，从而实现自由、全面的发展。同时，教师也从中获得专业发展。高校师生要借助自主的“动力”系统、多元的“质料”等建构具有自由、幸福和发展特质的高校和谐课堂的时空形式。[④]石振保在分析了高校课堂中出现的一些不和谐现象的基础上，提出应从树立和谐教育理念、建立和谐师生关系、建设软硬均衡的课堂教学环境和实现课堂教学“四化”（教学知识情境化、教学方式多样化、教学手段现代化、教学评价多样化）等方面积极创建和谐课堂，从而提高高校课堂教学质量，为社会输送合格人才。[⑤]

（五）其他理想的课堂生活形态

除以上提到的四种课堂生活形态外，一些学者还提出了其他的课堂生活形态。例如，有学者以关怀伦理学为理论基础，提出建立“关怀型课堂”。吴小鸥认为，关怀是人生命的本体意义，体现了人生命的自然性、价值性和行动性。而教育是一项直面生命并以提高生命价值为目的的活动，所以，作为教育的主要场域，关

① 杜亚丽：中小学生态课堂的理论与实践研究. 长春：东北师范大学博士学位论文，2011 年，第 98-144 页

② 彭泽平：“和谐课堂”论——基于“和谐社会”构建与素质教育实施的课堂观. 中国教育学刊，2006 年 4 期，第 33-36 页

③ 明庆华，程斯辉：论和谐课堂的构建. 中国教育学刊，2006 年 2 期，第 30-33 页

④ 母小勇，朱苏：高等学校和谐课堂“四因说”. 教师教育研究，2009 年 5 期，第 6-12 页

⑤ 石振保：创建高校和谐课堂教学的几点思考. 中国高教研究，2009 年 11 期，第 88-89 页

怀型课堂的核心理念是对生命的关爱，关怀型课堂在教学过程中坚持以生命的方式来把握人，以培养健全人格为旨归，以探询生活中的问题为纽带，以对成长的宽容、主体的尊重和事业的真诚为三要素，使课堂在有效地建构意义的过程中还原与超越生活世界。①

也有学者认为教学具有对话的品性②，而课堂作为教学的主要场所，对话是课堂教学的主要存在形态。课堂对话的主旨一方面在于通过课堂对话丰富学生的知识，发展学生独立思考与探究的能力；另一方面在于通过课堂对话使学生养成尊重他人、倾听不同声音的思维方式与行为习惯，培养学生用充分说理的方式解决争端、向相异开放的能力。③所以，对话型课堂是当前一些学者力倡的一种课堂生活形态。

另有学者针对当前学校课堂出现的气氛沉闷呆板、缺乏活力，以及学生学习主动性不强和教学创造性较弱等问题，提出建立“创生型课堂”。通过确立“建立联系、创生意义、尊重差异和共生发展”的改革目标，采用“模块式学习设计”和“评价引路、课例成链”的教学策略，力图建构“教师在课堂上创造性地教，学生在课堂上创造性地学，师生在创造性活动中产生新体验、收获新知识”的创生型课堂。④

以上内容对理想的课堂生活形态，如生命课堂、学习型课堂、生态课堂、和谐课堂、关怀型课堂、对话型课堂和创生型课堂进行了概述，每种理想的课堂生活形态都折射出其倡导者的教育理念。同时，我们也可以看到，这些理想的课堂生活形态的核心观都注重课堂中人的存在与发展，并认为课堂中的人的存在与发展不是一个“单项运动”，课堂中还存在其他丰富、复杂，并以潜在影响力存在的各种“文本”，课堂中的人与课堂中的每种“文本”通过充分、合理的交往，构成生机勃勃的课堂生活世界。这也是本书的立足点。

---

① 参见吴小鸥：课堂“关怀型”情感场对大学生品格建构的影响. 江苏高教，2004 年 4 期，第 82-84 页；吴小鸥：论关怀型课堂. 江西教育科研，2005 年 11 期，第 9-11 页；吴小鸥：让大学课堂充满人性的光辉——“关怀型”情感场中道德学习的意蕴. 中国德育，2006 年 2 期，第 22-25 页；吴小鸥：关怀型课堂：生活世界的还原与超越. 课程·教材·教法，2007 年 2 期，第 21-25 页

② 张增田：对话教学研究. 重庆：西南大学博士学位论文，2005 年

③ 方武：“对话”型课堂形态分析——以语文课程为例. 华东师范大学学报（教育科学版），2004 年 2 期，第 92-95 页

④ 张伟，杨斌，李笑非：创生型课堂的变革取向与实践探索. 课程·教材·教法，2012 年 8 期，第 20-27 页

第三节　对技术理性化的大学课堂生活的批判

一、对当下大学课堂生活的反思

对理想课堂生活形态的追寻源自对当下某些现实的课堂生活的批判，知识课堂、物化课堂、独白课堂、专制课堂等提法都从一定层面反映了当下课堂生活中“人”的失落，课堂生活世界被剥离、分割，尤其在现代化进程中，现代性带给社会的是多层面的变化，“现代性不仅是一场社会文化的转变，环境、制度、艺术的基本概念及形式的转变，不仅是所有知识事务的转变，而根本上是人本身的转变，是人的身体、欲望、心灵和精神的内在构造本身的转变”①。教育也遭遇了现代性所带来的许多负面影响的冲击，技术理性、工具理性充斥在课堂生活中，课堂失去了它本有的活力和生机，课堂中的各个文本也失去了其丰富性，表现为某种理性化、单一化的理解与限定，师生的关注点更多放在对教与学的各种技术套路、操作程序的掌握与运用上，教学成为一种远离教育本真的模式化活动，课堂演变成以知识的授受与考核为主或为终的场所，在其中，我们很难看到教育本有的、无可限量的丰富内涵及教育的理想与意蕴。

技术理性也侵蚀了大学课堂，有学者论述道：“我国的小学是‘听话’课堂，中学是‘分数’课堂，大学是‘知识’课堂。在知识课堂中，教材是知识的承载者，教师是知识的传授者，学生是知识的接受者。教师的任务是将知识的文字形态的呈现（教材），转变为口头语言方式的呈现，教学过程成了知识的解释与记忆的过程，大学考试是知识的记忆再现。于是，教师成了知识的化身，学生成了知识的奴隶，教学成了知识的灌输。这样的课堂教学就像‘喂食’，老师将教材‘知识’放进自己的嘴里嚼得烂烂的，准备成标准‘套餐’，然后掰开学生的口，填进他们的肚子里。”②大学课堂存在的问题已引起广大研究者和高等教育各级管理部门的重视。衡量高等教育质量的关键在于高校向社会输送的人才的质量，大学课堂作为高校培养人才的主要渠道，是大学师生生活的主要场所和联结点，大学课堂生活的质量将直接影响高校人才培养的质量。所以，本书以大学课堂生活为例，探寻其背后承载的对教育本质的理解与践行。

---

① 刘小枫：现代性社会理论绪论——现代性与现代中国. 上海：上海三联书店，1998 年，第 19 页

② 李志义：大学课堂教学：是“喂食”还是“吊胃口”. 中国大学教学，2008 年 11 期，第 4-5 页

二、理想的大学课堂生活

关于课堂生活，王鉴和王俊认为，“它是一种教育的自为领域，是一种专业的生活世界。完整的课堂生活包括三个有机的组成部分：作为‘地基’的课堂日常生活，作为源泉的社会现实生活和作为核心的课堂专业生活”①。大学师生是课堂中以“人”的形态存在的生命体，教室中的各种设施、教师和学生手中的各种教学材料是以“物”的形态存在的为教学服务的媒介，大学课堂生活是课堂中的“人”与“物”围绕学习展开活动、相互交往的背景和产物，而教育就在这个过程中让师生学习知识、掌握方法，并在其中产生感悟和体验。同时，在这个过程中，教育成为改造师生自身及其生活的实践活动。

雅斯贝尔斯在其专著《大学之理念》中阐述了理想大学的形态，他认为，“大学是一个由学者与学生组成的，致力于寻求真理之事业的共同体”②，并提出“大学也是一种学校，但是一种特殊的学校。学生在大学里不仅要学习知识，而且要从教师的教学中学习研究事物的态度，培养影响其一生的科学思维方式。大学生要具有自我负责的观念，并带着批判精神从事学习，因而拥有学习的自由；而大学教师则是以传播科学真理为已任，因此他们有教学的自由”③。在雅斯贝尔斯看来，学术自由和自治是大学区别于其他各级各类学校的鲜明特质。那么，大学的这种理念和使命如何去完成？雅斯贝尔斯提出了大学的四项任务：“第一是研究、教学和专业知识课程；第二是教育与培养；第三是生命的精神交往；第四是学术。四者是一个整体，构成了大学的理想：大学是研究和传授科学的殿堂，是教育新人成长的世界，是个体富有生命的交往，是学术勃发的世界。每一任务借助参与其他任务，而变得更有意义和更加清晰。每一项任务都是大学理想的生命整体的一部分内容，缺一不可，否则大学的质量就会降低。”④他认为，大学教师与学生交往的实现是建构理想生命整体的关键支架点。

综上，本书认为“学习共同体”凸显了课堂的本质属性。理想的大学课堂生活应是以交往为立足点，以日常生活为背景，以专业生活为核心，以现实社会生活为源泉构成的生活世界，大学师生在其中自由地进行心灵的对话、情感的认同和思想的碰撞，在这个过程中，人的生命活力得以彰显，师生相互影响、共同生活，最终实现“成人”的目的。

---

① 王鉴，王俊：课堂生活及其变革研究. 课程·教材·教法，2013 年 4 期，第 26-32 页

② [德]卡尔·雅斯贝尔斯著，邱立波译：大学之理念. 上海：上海人民出版社，2007 年，第 19 页

③ [德]雅斯贝尔斯著，邹进译：什么是教育. 北京：生活·读书·新知三联书店，1991 年，第 139 页

④ [德]雅斯贝尔斯著，邹进译：什么是教育. 北京：生活·读书·新知三联书店，1991 年，第 149-150 页

第四章

生活在“教室”中——发生在课前的交往形态分析

大学课堂是大学生最主要的生活场所。它简单、平常，因为从外观看，它就是普通的教室，每一天的大学生活基本从进入课堂开始至离开课堂结束，大学生活也多在不同的教室中度过，但同时它又体现出复杂与不平凡，因为在那里面生活的是富有生命活力的大学教师和大学生，他们“以‘周围世界’为背景，在‘共同世界’中通过交往相互理解各自的观点和愿望，协调各自的行动，是教师和学生生命意义存在、更新与延续的历程”[①]。课堂不仅是知识建构的场域，也是学生生命成长与教师专业发展的场域，是学校教育真正发生的地方。正如多勒所说，教师和学生是生活在课堂这个有机环境里的“居民”，课堂是由生活在这里的“居民”（教师和学生）和“环境”相互作用而形成的有机生态系统。课堂并不是一个静止的空间，课堂生活是一个教师与学生共同生活、成长且相互作用、相互影响的动态生成过程。[②]同样，大学课堂不仅是静态的物理空间，更是各种要素相互交往、相互影响的动态的教学生活场所。

就教室而言，它首先是一个物理空间，讲台、课桌椅、黑板、多媒体教学设备、实验设备和扩音设备等共同构成了教室中的教育教学辅助设备；教室的光线及教室四壁的内围布置共同构成了教室的物理环境。根据不同的需要，大学教室的大小、类型、功能各有不同，主要有普通教室、多媒体教室、语音教室、实验室及各种专用教室等。近年来，随着网络与多媒体技术的快速发展，大学的普通教室一般都装备了最基本的多媒体教学设备。本书以大学普通教室的课堂为主。

每一种环境对人的发展都有一定的影响，大学教室作为一种课堂生活环境，

---

① 刘旭东：教学生活批判与重建. 华东师范大学学报（教育科学版），2010 年 3 期，第 25-30，49 页

② Doyle W. Classroom organization and management//Wittrock M C. Handbook of Research on Teaching. New York: Macmillan, 1986: 392-431

对课堂生活中人的发展也具有一定的影响和作用。在教学论研究中，一般将课堂环境理解为教学环境的一种，并将教学环境按教学各要素的主要特点，分为物理环境和心理环境两大类。前者如校舍建筑、教学设备，后者如学校中的社会交往、学习风气、各种关系、社会信息乃至生活经验等。[①]所以，课堂环境既包括物质的，也包括心理的；既有有形的，也有无形的。课堂环境是师生交往的一种主要的教学资源与媒介。

第一节　教室的物理环境与交往效率

大学教室是大学生上课、自习、教师辅导答疑和考试等教学活动发生的主要物理场所，教室中的各种设备设施是促进教师和学生生命成长的条件性资源。因此，大学教室的设计（如讲桌及课桌椅的摆放、教学设备的安放等）要为师生的生活、成长提供便利。N 大学和 X 大学普通教室的讲桌和课桌椅的摆放基本为“秧田式”（图 4-1—图 4-4），即一排排学生的课桌椅面向教师和讲台排列，且很多教室的课桌椅为固定一体的，不能随意挪动（图 4-1—图 4-3）。“秧田式”的座位排列方式一般适合于教师主导课堂生活，有利于教师传递信息，学生接受信息，便于教师与学生之间进行单向式交往，但这种固定一体的“秧田式”座位排列方式阻碍了学生与学生之间的自由交往。例如，图 4-4 教室的课桌椅不是固定的，X 大学的 L 老师在课堂上组织讨论活动时，学生可以随意挪动桌椅，有利于师生间，尤其是生生间自由的交往与信息沟通。

图 4-1　N 大学 A 校区某教学楼教室

图 4-2　N 大学 B 校区某教学楼教室

① 田慧生：教学环境论. 南昌：江西教育出版社，1996 年，第 8 页

图 4-3　X 大学本部某教学楼教室

图 4-4　X 大学新校区某教学楼教室

在 N 大学做课堂观察时，很多老师提及教室的固定桌椅给一些教学活动的组织带来不便，不利于师生间，尤其是小组学习中生生间的互动与交流。笔者与 Z 老师就此问题进行了交流，如下①：

Z 老师：一些大的教学活动在桌椅固定的教室开展不了，就得去实验室或户外。

我（笔者）：刚看到小组讨论时，学生在固定桌椅上转身都难，身体活动受限。

Z 老师：很受限制，现在的这种（固定）桌椅不好。

我：记得以前这个教学楼（图 4-1）三、四楼的教室还是活动桌椅，现在好像都换成这种固定的了。

Z 老师：都换了，特别不好。

我：现在学校好像只有旧综合楼还是活动桌椅吧？

Z 老师：嗯，但是那边教室没有投影仪。

教室的物质设备作为师生课堂交往的媒介，理应为课堂教学活动的顺利开展提供基本的物质保障。目前，很多大学的普通教室多为百人以上的大教室，教室课桌椅主要呈“秧田式”摆放，且这种教室的桌椅也多设计为固定一体的形式，学生的桌面很窄。“秧田式”桌椅摆放方式更适合教师开展讲授法教学，但不利于师生、生生之间自由的交往。叶澜等提出：“每一个施教者必须要记住，如果教室不是从达成教学目标的角度布置的，那么，就必须尝试加以改造，使大家彼此都

① 摘自 201×年 5 月 14 日教师访谈记录。

能看到并且交流、讨论起来更便利。”[①]所以，教室课桌椅的设计与摆放要为促进师生的自由交往提供便利，而不是成为一种阻隔或障碍。

有人说，教室是21世纪现代大学最保守的地方，其最鲜明的体现就是当代的大学教室和百年前的大学教室基本没有本质差别，大学教室在信息时代的唯一改观是增加了一套多媒体教学设备，而多数大学教师对其在课堂教学中的运用只是PPT演示（后文有论述），这确实不是信息时代应有的大学课堂生活。

第二节　徒有四壁的大学教室与教室内部环境中的线性交往

作为学校教育核心场所之一，教室隐藏着许多对师生成长有重大影响的因子，如教室文化、教室人际关系等，它们以一种“润物细无声”的方式对师生的共同发展起到巨大的、潜移默化的作用。可以说，教室承载着非常重要的教育资源，对促进个体发展具有一定的教育学意义和价值。教室环境作为课堂生活中一种真实的存在，能够起到“墙壁说话”“墙壁育人”的作用。“环境与人之间存在着持续的互动，包括两种不同的指向：一是环境指向学习者。环境所承载的物理或人文价值对个体有着潜在的教育影响；二是学习者指向环境。学习者本身是环境的重要组成部分，他主动参与环境设计的过程，既是对环境的丰富，也是一个自我教育的过程。”[②]参与教室环境布置的个体及置身于教室中的个体可以通过这样的互动与交往感受到不同的体验，教室内的这种线性交往使教室的物理空间成为一种重要的教育力量。

目前，学者对基础教育阶段教室内部环境布置的关注与重视较多，相关的理论研究也多围绕中小学教室的布置来探讨。在实践领域，“让每一面墙壁都说话”成为学校文化建设的重要部分，中小学班主任亦将教室布置作为日常工作之一，并充分调动学生的参与热情，激发学生的动手和创造潜能，精心的教室布置让这有限的空间创造出无限的教育意义，使其成为师生智慧和情感凝聚的作品，使教室成为师生课堂交往与共同成长的家园。

① 叶澜，郑金洲，卜玉华：教育理论与学校实践. 北京：高等教育出版社，2000年，第313页

② 谢翌，徐锦莉：教室环境：一种被忽视的课程——课程开发视野中的教室环境布置. 教育理论与实践，2008年11期，第41-44页

而一些大学教室却忽视了教室内部环境的育人功能。大学上课多为走班制，各班级基本无固定教室，且由学校统一对教室进行管理和调用，因此，大学教室内部环境的布置相对简单很多。调研期间，我观察到，N 大学每个普通教室内墙统一张贴了学校校历、作息时间表和本学期该教室的课程表，教室电源开关处贴有“节约用电”等警示性标语，有些教室门上贴有“进入教室，请将您的手机调为静音”等提示，另外有些教学楼的教室还贴有 N 大学学生学籍管理规定的部分内容。在 X 大学，我只看到其中一栋教学楼的教室贴有一些名人名言的张贴画，但每间教室都是同样的张贴画。在我印象中，这栋教学楼建成使用之时就有这些张贴画，经年未变，其他教学楼的教室多为“黑板+投影+白墙”的布置，基本上是“徒有四壁”（图 4-5）。并且在两所大学一些教室的墙上都能看到一些社会小广告及学生考试作弊留下的痕迹。

（a）　（b）

图 4-5　X 大学教室内部环境之一

苏霍姆林斯基说：“教育的艺术在于，不仅要使人的关系、成人的榜样和言语以及集体里静心保持的种种传统能教育人，而且也要使器物——物质和精神财富——能起到教育作用。依我们看，用环境、用学生自己创造的周围情境、用丰富集体精神生活的一切东西进行教育，这是教育过程中最微妙的领域之一。”[①]教室布置对课堂生活中的个体同样具有育人作用，但目前大学教室环境的布置相对于中小学教室而言，简单且形式单一、内容单调，缺乏文化性和教育性。大学教室环境布置可以借鉴中小学的经验和做法，发挥师生自主性和能动性，尤其是大学生的创新精神和实践能力，将教室环境布置与学校特色、学科优势、教师科研成果及学生专业学习、科技创新、社会实践活动、社团活动等丰富多彩的大学生

① [苏]B. A. 苏霍姆林斯基著，赵玮等译：帕夫雷什中学. 北京：教育科学出版社，1983 年，第 105 页

活结合起来，使生活于其中的教师和学生也能通过教室环境中的线性交往成长、发展，体现出教室环境的育人功能。

第三节　交往在课前悄悄开始

当教师和学生走进教室，准备开启课堂生活时，学生与教师之间的关系已初步建立，师生间各种信息的传递与交互构成彼此相互影响、相互作用的关系，追溯到本质上就是教育已开始产生。教师与学生在课堂生活中的交往除教室物理空间赋予的交往外，还有教师与学生的行为及行动引发的交往，学生与教师在课前的一些行为可以看作课堂生活开始的前奏，此时交往已悄然开始。

一、“无人问津”的粉笔字与讲桌

黑板在大学课堂教学生活中是必备的教学设备，但因大学教学多为走班制，很多时候都是一堂课结束就换教室，且合班课较多，学生对保持与维护教室环境卫生的意识不强。经常出现任课教师上课时，黑板上依旧留有上节课的板书或学生课余画写的东西，讲台上的讲桌与椅子也常常是灰尘满面，而对于这些，大学生似乎视而不见，“无人问津”。

大学教师似乎也习惯了这种情形，有些教师自己动手擦黑板和讲桌；有些教师要求来上课的学生擦黑板，但时常会出现教师开始上课了但黑板还没擦，坐在教室前排的学生急匆匆去擦黑板的情况；也有教师对此置之不理，甚至一些教师因黑板没擦而省去了本来设计的板书环节。这种现象成为影响授课教师情绪的一个重要因素。究其原因，一方面是相关制度的缺失。大学没有建立类似中小学的班级值日生制度，也就没有相应的机制约束学生完成这项看似简单，但又直接与教师课堂教学相关的职责。另一方面，大学生没有形成良好的服务教师教学、尊重教师劳动的意识与习惯。这种因制度以及学生服务意识缺失的“显性”和“隐性”因素，使得课前黑板上“无人问津”的粉笔字与讲桌成为大学课堂生活不和谐的一个缩影。它不仅影响了教学活动的正常开展，也成为影响师生课堂生活交往良好开端的“不和谐”因子之一。

二、“受宠若惊”的大学老师

在 N 大学调研期间，我曾随 C 老师一起进入她的课堂，那次课是 N 大学化学化工学院和资源环境学院本科二年级两个班的合班课，与往常一样，我选择了教室最后排的位置。做好观课准备后，开始观察教室中来来往往的学生与教师。C 老师边打开电脑与投影仪，边整理讲桌，教室黑板上写有一些化学分子式，估计是上一堂课老师写的板书。这时前排有位男生走到黑板前，拿起板擦擦黑板，C 老师看到后转身笑着说：“今天的黑板很干净!”然后对擦黑板的男生说：“谢谢你帮我擦黑板!”男生不好意思地笑了，放下板擦回到自己的座位。这时 C 老师对着全班同学说：“我希望从今天开始这个优良的传统能保留下来!”学生中有几个声音回应了 C 老师：“好!”听到 C 老师这番话，想想之前在课堂上看到很多任课老师（包括我）都是自己擦黑板，心中有丝凄凉：难道大学课堂上，师生之间仅存有“学生只来听课，老师只是讲课”这种关系吗？师生关系、师生情在此中消弭。

三、专享的待遇

围绕“擦黑板和讲桌”这个论题，我再阐述一个与之相关的在 N 大学调研期间收集的案例。[①]

那天下午的课堂观察已提前和 Z 老师约好，我来得较早，13:40 就到了教室，准备好课堂观察需要的物品后坐在位置上翻看资料。13:45 左右，进来三个男生，其中一个男生进教室后径直走向讲台，擦干净了黑板，之后陆陆续续来了很多上课的学生。其中，有个女生（W1）走到讲台上拿出一张纸巾擦去了讲桌上的粉笔灰，并把讲桌上的粉笔头、粉笔盒及板擦都整理好，又从讲台旁搬了把椅子擦干净后放在了讲桌后面。

课后刚好约到了这个女生（W1）和另外一个女生（W2）做访谈，访谈中我提及了这个场景。

我：上课前 Z 老师还没来时，我看到你（W1）把讲桌收拾了一下，还给老师搬了把椅子放到讲桌后。

学生 W1：我基本上每次都会给老师擦桌子。

我：哦！很少见到大学课堂上有学生主动给老师做这些工作的，中小学中倒有很多。

---

① 摘自 201×年 5 月 14 日课堂观察记录与学生访谈记录。

学生 W1：我只给 Z 老师擦。

（听了她这句话，我们三人都笑了）

我（追问）：只给 Z 老师擦啊？

学生 W1：嗯，我觉得 Z 老师对我的影响很大，通过上她的课，我渐渐喜欢上了这个专业。在课堂上，Z 老师不仅教给我们专业知识，而且会关注我们学习过程中的感受。我们班很多同学都喜欢 Z 老师的课，我也被她的个人魅力折服，所以我愿意给 Z 老师擦桌子。

学生 W2：这就体现出个人感情了。

在这个案例中，擦黑板和收拾桌椅成为某个老师的专享待遇。由此我们可以看到，学生 W1 对自己心目中尊敬的老师愿意付出真挚的情感，但在其他课堂看到的却是学生的漠然。所以，除了相关制度与学生服务教师教学的意识缺失这两个原因外，大学师生关系淡漠的主要原因还有什么？有无人文关怀缺失的原因呢？就客观方面而言，大学师生交往较少。曾有学者就“大学师生交往”对北京地区 9 所重点大学的 1000 名本科生进行问卷调查，调查结果显示，大学师生交往频度、深度较低。①另外，教师个人魅力也是影响师生关系的主要原因。教师魅力的构成是一个综合系统，曾有研究者将教师魅力的构成细分为 11 个因子，并在湖南省 7 所高校进行调查研究，统计结果显示，大学生认为高校教师魅力的构成因子从高到低的排列依次是课堂组织魅力、职业修养魅力、处事方式魅力、教师育人魅力、沟通技能魅力、教学技能魅力、操作技能魅力、教师个性魅力、教师语言魅力、课堂表现魅力和教师形象魅力。②从中我们也能看到，交往贯穿其始终，课堂生活中师生的有效交往是影响师生关系的核心因素。

叶澜等提出，教师的魅力在于他不是一个简单的知识传递者，还在于他把人类的精神财富转化成学生个人成长的精神财富，并且在帮助完善别人的同时不断追求自己生命的发展和完善的教师才是最有魅力的教师。③所以，课堂生活中的教师和学生每一天都有成长，并一起创造着每一天的学校生活，是教师魅力的最高体现。学生对教师的认可多来自学生与教师之间的交往程度，而师生之间点点滴滴的交往行为也在某种程度上反映了学生对教师有无认可及认可的程度。

---

① 周廷勇，周作宇：关于大学师生交往状况的实证研究. 高等教育研究，2005 年 3 期，第 79-84 页

② 吴娇：高校教师魅力模型的初步构建. 长沙：湖南师范大学硕士学位论文，2012 年，第 50 页

③ 叶澜，王厥轩，韩艳梅：教师的魅力在于创造. 上海教育，2013 年 16 期，第 32-36 页

在教室中，师生都会在这个物理空间中寻找适合自己的空间位置。下面将以师生对个人位置的选择为基点，探寻学生的座位选择和教师在课堂上的站位与教育交往之间的关系。

四、课前学生的座位选择

当个体处于相对可以自由选择个人位置的空间环境时，每个人都会寻找与自己性格、喜好相符合的个人空间。大学课堂不同于中小学的主要区别在于大学是走班制，每堂课在不同的教室，且每堂课的同学不一定是本班同学，不同班级、不同专业甚至不同年级的学生在同一个教室上同一门课的现象很常见。因此，大学生对座位有自主选择权，每个学生走进不同课的教室后，都会在教室里选择与其性格、爱好或学习态度相对应的座位，不同的课堂，学生对座位的选择也表现出一些差异。

申怀飞等以生态理论为立场，经过研究得出，大学课堂座位选择与学生成绩之间具有相关性，学生座位和成绩相关性规律符合生态位理论的一般规律：总体上看，前排学生的成绩优于中排，中排学生的成绩优于后排，座位很不固定的学生成绩较差；经常坐在一起的学生的成绩比较接近；经常不和别人坐在一起的学生的成绩不是很差就是很好；靠近走廊且为前排中列的学生的成绩一般都很好；座位比较固定的学生的成绩一般为中等或中等以上。他们认为，产生这一现象的根本原因是学生选座位时的学习动机强度，学生选座位的学习动机越积极，则其成绩会越好，反之则其成绩会越差，并建议高校教师在课堂教学中应“趋利避害”，鼓励学生上课时尽量选择相对固定的、最有利于自己学习的座位；对成绩较差且性格相对孤僻的学生，应给予较多的关注和关怀，使其融入集体中，以便于和别的同学相互学习和交流。[①]也有学者从心理学角度指出，师生空间的活动与行为模式有一定的规律性，把握并利用这些规律将有益于大学课堂教学质量的提高。该研究认为，①主动入座第一、二排的学生，积极主动、敏感，自控能力与好胜心较强，同时，好胜心强烈的人容易在失败后迷失自己。对这些学生要进行一些有针对性的挫折教育。②主动靠窗户一侧坐的学生，普遍自信、开朗、好动、进取心强；而靠教室内墙一侧坐的学生，性格趋向于内向、稳重、安静、相对缺乏自信。对靠窗坐的学生，教师应指引其走向更为理性的道路，而靠教室内墙一侧坐

① 申怀飞，翟书梅，赵昆昆：基于生态位的高校课堂绩位相关性分析. 高等理科教育，2012年2期，第47-51，72页

的学生需要得到更多的交流与鼓励。③经常主动入座最后两排的学生，自控能力普遍较弱，注意力难以集中，其中，又以靠近后门附近的学生为关注的重中之重，因为在此入座有方便逃课的目的。教师要和最后两排的学生多沟通，以真诚的关心唤起他们的学习热情。该研究同时指出，凡事都有例外，大学时代的奥巴马就经常坐在教室的最后一排，所以说，后排也有成绩优异者。这类学生自学能力强，有独特的思维和学习方法，特立独行的天性使其选择坐在后排，与众不同的性格使他们不善交际，教师应引导他们学会如何与人相处。④上课时，如果教师发现前两排鲜有学生入座或学生竞相争夺最后两排的入座权，须高度注意。首先教师要从自身找问题，是教学缺乏吸引力或互动力，还是师生关系紧张等？另外就要考虑班风问题。[①]

从调研期间的观察和与学生的访谈中发现：学生座位选择在不同类型的课中有差异，其中，以跨班、跨专业的公共课尤为显著。以下是我在N大学做调研时看到的学生选座位的一个场景的现场记录。[②]

> 一直想到公共课的课堂做一次课堂观察，最好是我和任课教师互不认识，学生也是其他学院的，如工科或农学专业的学生。经过提前“侦查”（N大学的每个教室都贴有本学期在该教室上课的课程表，上面有每节课的课程名称、任课教师、任课教师的职称和授课班级及专业等信息）。201×年5月10日下午，我于正式上课前20分钟（N大学下午第一节课的上课时间是14:00）到了该教室，主要目的是选一个做课堂观察的最佳位置，一来便于拍摄一些音像资料，二来不能让任课教师发现我这个“局外人”。我选好座位（教室靠窗这列第七排左手边第二个座位[③]）坐下一会儿后，进来两位女生。我下意识地看了一下时间，是13:46（当时心想：学生上公共课还是挺积极的，提前了近15分钟）。一进教室，其中一位女生（暂且称她为A生，和她一同进来的女生称为B生）说：“今天来这么早一定要选个好位置！”这句话引起我的注意，我开始观察她俩的一言一行。两个女生不约而同地走向了教室座位的中间那列，大概走到第五排座位时，发生了这样的对话。

---

① 蔡文彬，张竞成：高等教育的环境与心理初探——以大学教室为例. 高教论坛，2009年8期，第122-124页

② 摘自201×年5月10日课堂观察记录。

③ 这个教室共有3列座位，每列有11排座位。

学生 B：坐这排吧！

学生 A：往后坐吧？

学生 B：不行，老师说了后三排不让坐，让往前坐。

学生 A（指着第六排）：那就坐这排。

学生 B：还是再往前一排吧，万一今天后排没人，老师会让往前挪的。

学生 A：就这排吧！你看前面这排（第五排）刚好是上阶梯的第一排，前面有人挡着，我们干啥老师也看不见。

这个理由似乎说服了学生 B，她们终于选定了第六排中间两个位置坐下来，我看了一下时间（13:48），两位女生选座位耗时 2 分钟。第一个选座位的桥段过去大约 3 分钟时又进来三位女生，其中一位看到早到的学生 A 和 B，笑着说：“你们今天咋来这么早？是不是来抢最佳座位了？”然后她们三人选择了中间一列第四排的座位。这之后陆陆续续有很多学生进了教室，其间一些学生为选座位走来走去。大概 13:54 时，两个女生坐到了我后排的位置（教室靠窗第八排），她们坐下的同时，一位女生说：“还好，不是后三排。”同伴听了说：“要不再往前点，或往中间坐？”前面说话的女生回应：“就这吧，坐这还行。”这时一位女老师走进教室，放下包和水杯后，坐到讲桌后面的椅子上开始做课前准备（开电脑、投影仪，戴胸麦等）。之前我从课程表上了解到今天这节课是农学院本科二年级三个班的形势与政策课程。

上课铃声响过后，老师说：“各位同学，时间到了。”她抬头看了一下学生后继续说道：“请坐在后三排的同学往前坐一下。”这时，我发现教室后三排大约坐了 20 多位学生，男女生都有，他们在老师发话后开始往前挪座位，桌椅碰撞的嘈杂声中夹杂着一些再次选座位的声音：“就坐这吧！”“这是倒数第四排，应该可以了。”其间听到我后排一位男生说：“这个课也有人坐第一排！”顺着他的话音和视线，我看到有两位女生坐在靠窗这列的第一排。老师看到大家坐定后（这个过程用了 1 分 54 秒）问了一句：“好了吗？”一位女生大声回应：“好了！”老师接着说：“我已经注意到了我所期望的一些变化：第一个就是绝大多数学生知道我们这是课件课，坐得偏后可能影响阅读，所以没有坐在后三排。但是，现在依旧还有三位同学坚持坐在了这三排（中间列的倒数第 2 排），非常自信啊！（大多数学生扭头朝后看，并发出哄笑）课件上还有一些数据，这样（坐后排）会影响你对阅读资料的分析，如果确实前排都满了，你不得不坐后排，这也可以理解。但大家看到了，前排的空座位还有很多，这几位同学依然坚持（坐后排）。”老师的话音落下的同时大多数同学的目光再次朝向了后排，三位男生（暂且称他们为学生C、D、E）在众目睽睽下开始往前挪座位，这期间又发生了第三次选座位的一些场景：学生C和D往前挪了两排，学生C挪到了中间列正数第8排，学生D挪到了靠窗这列正数第8排，学生E从倒数第2排径直走到靠窗这列正数第6排，选择了第3个座位，和他之前坐一起的学生D一看，从他（学生D）刚坐下的座位再次起来，来到学生E那排，可这时那排的6个座位就剩中间位置了，他毅然决然地给靠边坐的两位女同学示意：我要坐里面去！等两位女同学站出来后，他进去坐在了E旁边中间的那个位置（图4-6）。

图4-6　学生座位选择

这时，老师说：“这个座位选得有点曲折啊！”等老师示意开始正式上课时，上课时间已过去了5分钟。老师用开玩笑的方式结束了这段选座位的场景。在选座位的过程中，我发现学生在座位选择上有很多缘由，如学生C、D、E颇显“曲折”的座位选择路线（图4-7），也从一定层面反映了大学生对座位选择的看法与考虑。

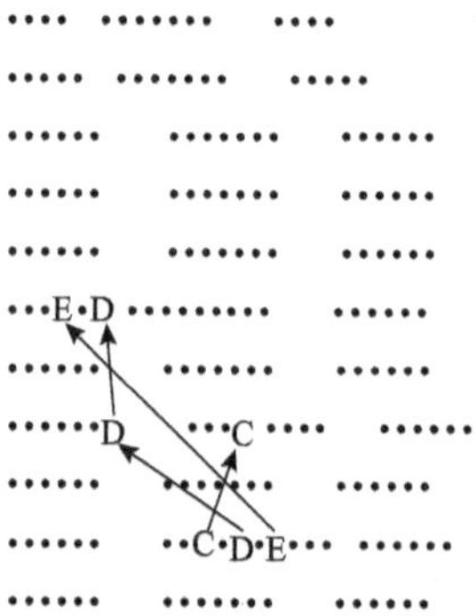

图4-7　学生座位选择路线

就大学课堂学生选座位的这个情况，我对不同年级、不同专业的学生进行了访谈。

N大学人文学院大三的学生Z说：我主要看老师，如果老师的课很吸引人，不管是专业课还是公共课，我都会坐在前三排，我觉得老师的学识及个人魅力对学生的影响还是挺大的。①

在N大学调研期间，有一天，还没到下课时间就听到教室外面熙熙攘攘的，老师一说下课，外面的学生一哄而进，抢占前排座位，我随机问抢到前排座位的几位男生：今天谁的课呀，全跑前面坐？学生说：是我们的专业课——电气工程。我接着问：这个课大家都往前抢着坐，其他课也这样吗？学生笑着说：那就看是什么课了，如果是大学英语课，我可能会抢最后一排。这时，还在教室关电脑、收拾讲义的老师（她刚上的是公共课）笑着说：看来大家都喜欢专业课，不喜欢公共课。一个男生接过话说：也不一定，我们这个专业课的老师上得特别好，我们也有不喜欢的专业课。②

N大学资环学院大二的学生Y说：我有时会看这门课是不是考试课。例如，我们这学期有门课叫“班主任工作”，第一次上课时，老师就说这门课最后不考试，交一篇课程论文就行，所以这门课我就尽量坐后几排，上课时做些其他课的作业。③

X大学政法学院大二的学生L对上课前的座位选择也有不同的观点：我觉得之所以选座位，有课的原因，也有老师的原因。像L老师（专业课老师）的课我会选择坐前面，这个课在×号教学楼，是那种比较大的阶梯教室，我会坐在教室的前半部分；像我们自己的专业课，我会选择坐前五排；像一些选修课，如W老师（选修课老师）的课，我会去听，但我会选择坐中间或后面一点的座位，因为这个教室前排的座位挨着老师的讲桌。我不想上课一直昂着头看老师，感觉有压力。有的老师的课，讲的内容不符合我的知识或学习需求的话，我会选择

① 摘自201×年4月24日学生访谈记录。

② 摘自201×年4月15日学生访谈记录。

③ 摘自201×年4月9日学生访谈记录。

坐最后面，能躲就躲。[①]

X大学刚毕业一年的外国语学院学生W说：我觉得我是一个学习比较积极的人，从高中时就是能往前坐就往前坐，而且对老师特别尊敬。上大学后也一样，思修课（学生对思想品德与修养课的简称）、马原课，我每次都是提前到教室坐第一排，还给舍友占座位，每次都是齐刷刷放六本书！但是，我们学院有几位老师的课，我就不愿往前坐。其中，有位老师上课时对待学生的态度不一样，对待从城市来的学生是一种态度，对待我们从县城或农村来的学生的态度就是爱理不理的。我和舍友都是从农村来的，同病相怜，每次到上这门课时，我俩就选靠后门倒数第三排、第四排的座位，就是选最不显眼的座位，那门课，我没有自信往前面坐。[②]

从访谈资料看，学生选择座位有各自不同的动机和做法，将其进行归类，可以发现有几种比较典型的选择动机：①课程类型；②教师原因；③学生性格；④考核方式。无论是哪种选择动机，学生座位选择作为大学课堂生活开启之前的一种表现状态，在一定程度上表达着师生交往的一种意愿。

五、教师在课堂上的站位

一般情况下，大学课堂上，学生座位一旦选好坐定，整堂课基本不会变动，而大学教师在课堂教学过程中可以根据教学设计随机安排自己在课堂中的“站位”。有学者以N自治区和G省的8所中学为例，研究了高中课堂的现状。在为期两个月的课堂观察中，学者以教师的“课堂穿行路线”和“课堂提问”为着眼点，研究了高中课堂中教师与学生的交往状况，发现“高中课堂存在分层现象，即课堂存在三个不同的反应区间，积极表现区、一般表现区和消极表现区”[③]。三个不同反应区的学生的课堂行为表现有较大差别，而教师的“课堂穿行路线”与三个反应

① 摘自201×年6月9日学生访谈记录。

② 摘自201×年10月25日学生访谈记录。

③ 李泽林：普通高中课堂变革中的问题与对策——基于西北两省（区）的调查研究. 当代教育与文化，2010年5期，第56-64页

区的形成有密切关系（图 4-8）。研究表明[①]：课堂上，积极表现区的学生基本都是班里学习成绩最优秀的，这些学生在教学过程中能集中精力、积极参与。课堂上，教师也经常走到这个区域，师生接触距离较近，教师可以通过有声语言甚至体语等将自己的关注和期望传递给这个区域的学生。在这个区域，师生易在心理上产生情感共鸣。一般表现区的学生基本上是班里学习成绩一般的，他们有表现的需求与冲动，参与也较积极，但自信心不够，与老师产生交往的次数明显不如积极表现区的学生，教师的“课堂穿行路线”偶尔会经过此地；消极表现区的学生基本都是班里学习成绩偏低的，他们虽说也在表现自己，但与前者有明显差别，他们时而回应老师的提问，但明显呈现出“随大流”和“应声虫”的特征，教师的“课堂穿行路线”也基本不涉猎这块区域。因此，教师“特别的爱”在某种程度上加剧了学生的两极分化，形成了课堂中的不公平现象。

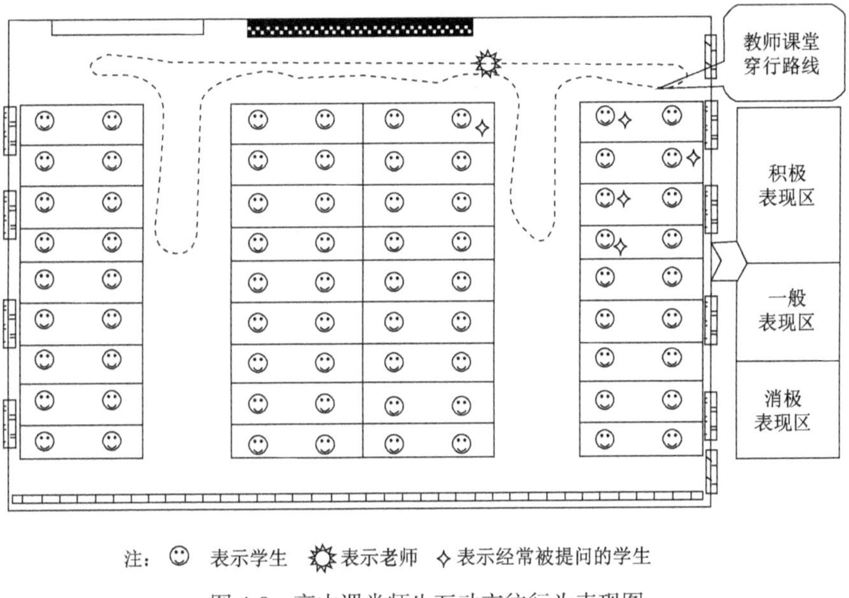

图 4-8　高中课堂师生互动交往行为表现图

根据调研期间的课堂观察，我发现大学教师在课堂上的站位有很多不同。例如，在 X 大学调研期间，我于 201×年 10 月、11 月和 12 月分别对 X 大学三座不同教学楼进行了室外观察（有课的教室在课外停留 1—2 分钟），统计了教师的课

① 李泽林：普通高中课堂变革中的问题与对策——基于西北两省（区）的调查研究. 当代教育与文化，2010 年 5 期，第 56-64 页

堂站位（表4-1）。

表 4-1　X 大学教师的课堂站位统计

时间	教学楼	有课的教室（个）	教师课堂站位（人）		
			坐	站	
				讲台	讲台下
201×.10	X 大学 A 号教学楼	12	3	4	5
201×.11	X 大学 B 号教学楼	16	5	7	4
201×.12	X 大学 C 号教学楼	18	5	8	5

注：X 大学 C 号教学楼普通教室集中在 1—2 层，3 层为语音室、录播室等；4 层为信息化教学资源室、信息化交互教学室等；5 层为微格教室、板书教室等。故在 C 号教学楼的统计以 1—2 层教室为主。

在 N 大学参加工作初期，主管教学的领导曾告诫我们新进教师：上课不能坐着讲课，要站起来，如有身体不适等需提前向学院声明备案，否则若被发现或被学生举报，则以教学事故论处。或许是这个原因，在 N 大学调研期间，我很少看到教师坐着上课，偶尔有两次遇到这种情况也是教师在正式上课前向学生说明原因，征得学生同意后才坐着上课的。同时，我还观察到，大多数教师在课堂上的活动区域多以讲台为主，在课堂教学过程中，走下讲台或参与到学生课堂讨论中的教师并不多，尤其是学生人数较多的合班课，教师基本以站在讲台上讲课为主，师生交往的提问活动较少，教师基本不组织讨论等类型的交往活动。

大学学生的座位选择与教师在课堂上的站位是师生在教室这个物理空间中的个人行为，但它在一定程度上也成为影响课堂交往的物理空间因素。调研中，有学生认为学生的座位选择及课堂上教师的站位是一种个人习惯。例如，N 大学新华学院电子信息工程专业大三的学生 F 提到：

> 大一时，有位专业基础课的老师年龄比较大，每次从上课铃响，这位老师就坐到讲台电脑桌后的椅子上，盯着电脑边读 PPT 边讲，两节课下来老师基本不抬头，也不与学生有其他形式的交往，直到下课走人。但这位老师会不定时点名，所以很多学生为了不被记旷课就硬着头皮来上课，大家到教室后都从最后排坐起，上课时，自己干自己的事，真正听课的学生很少。他认为他们班从大一的这个课就形成了一个特别不好的想法：来到课堂就是为了老师点名，上课时大家都爱坐后排，而这也导致很

多学生大学三年都处于“放羊”状态，还不如在高中时学得扎实。[①]

学生 F 说的情况在一次课堂观察中被印证。那是一堂大四学生的课，当天来的学生不多，偌大的百人教室至上课铃响只来了 20 多位学生，学生三人一块、五人一群地零散坐着，教室靠窗左边那列的前六排都空着，中间那列基本从第六排坐起，靠墙右边这列从第七排坐起，坐了 7 位学生（图 4-9）。上课铃响后，C 老师看到这个情况走到教室第一排座位前，对学生说：“大四第二学期了，来上课的学生也越来越少了。咱们今天来的学生不多，大家都往前坐吧！”学生没人动，C 老师一边整理上课用具，一边又说了一次：“来，大家往前坐！”但学生还是没动，C 老师没再坚持，苦笑着拿起讲义和翻页笔走到教室中间的过道里：“好吧！既然你们不愿走向我，那我就走近你们吧！”学生听了 C 老师的这句话都笑了。[②]整堂课 C 老师基本的站位就是在教室中间的过道（图 4-10）。在课后的访谈中，我提到了课堂上的这段“序幕”，C 老师笑着说：“被学生逼的啊！给大四学生上课很痛苦。你一直讲吧，学生不爱听，所以要组织一些提问、讨论之类的互动活动。与学生离得太远，互动效果不太好，所以，我就尽量走到他们中间。”第二天，C 老师给 N 大学人文学院历史学专业的学生上课，那天的课堂上，学生基本选择了教室的前五排座位，C 老师课堂中的穿行路线在讲台上、讲台下前排的位置和教室两边的过道中来回行进。无论是提问、讲授还是学生讨论，C 老师与学生的互动贯穿于课堂始终，师生的课堂生活氛围其乐融融。

图 4-9　学生远离 C 老师

图 4-10　C 老师努力走近学生

① 根据 201×年 5 月 5 日学生访谈记录整理。

② 根据 201×年 4 月 8 日课堂观察记录整理。

六、大学课堂中少有的师生互问礼

对于中小学生来说，课堂上行师生互问礼是基本的课堂礼仪，一来表示对老师的一种尊重与感谢；二来示意课堂生活的开始与结束，尤其是课前互问礼，它也是对学生注意力集中的一种提示。不知从何时起，这项基本的课堂礼仪在大学中被束之高阁，学生与教师对其也渐渐陌生，师生互问礼离大学课堂生活渐行渐远。

调研期间，我遇到的第一个有师生互问礼的大学课堂，是 N 大学本科三年级体育教育专业的现代教育技术课。那天是在微机教室上课，我随任课教师 L 老师进入教室后，L 老师走到教室中间，笑着对学生打招呼："各位老师，大家早上好！"学生很自然地回应："L 老师好！"这种互问礼及称谓真是鲜有，在整堂课中，不论是提问还是小组活动，L 老师对学生的称谓一直都是"×（学生的姓）老师"。[①]课后访谈中，我迫不及待地提出了这个问题。

我：L 老师，我看到课堂上您称学生为"×老师"，为什么会这么称呼学生呢？

L 老师：我是这样考虑的：第一，他们是师范专业的学生，不管以后他们当不当老师，但在培养方向上他们是未来的老师，他们要逐渐习惯这样的称谓。还有，这样称呼他们是想让他们在教学设计（这个课程的主要内容）中始终有"我是老师"这样一种意识，在进行教学设计时不停地在学生与教师角色之间换位思考，使自己的教学设计既考虑到学生的需求，又体现课标的要求。第二，我这学期带是的体育和音乐专业，就专业水平来说，他们肯定能当我的老师。所以，我会根据他们的教学设计不断提出我不懂的问题或者我的疑惑，然后学生给我解释，我觉得这个过程也是他们在一次次检查和反思自己的教学设计，并不断地完善它的过程。[②]

课后我约了这个班的一位女生做访谈，访谈中我们也聊到了这个话题。[③]

---

① 根据 201×年 5 月 3 日课堂观察记录整理。

② 摘自 201×年 5 月 3 日教师访谈记录。

③ 摘自 201×年 5 月 6 日学生访谈记录。

我：我看到 L 老师在课堂上不管叫哪个学生，都称他为×老师，如叫你 W 老师。

学生 W：对，这个课（现代教育技术）是培养教师技能的课。因为我们每个人未来都可能成为老师，所以她叫我们老师。

我：你们刚开始听到这种称谓的时候什么感觉？

学生 W：我们第一节课不在微机房，在（普通）教室，L 老师当时就对我们说：你们每个人都是老师。她就叫我们×老师，刚开始觉得可紧张了，后来慢慢习惯了，就适应了。我个人感觉 L 老师比较随和，在课上想说什么就说什么，互动挺多，我感觉挺好的。

我：她第一次叫你 W 老师的时候，你什么感觉？

学生 W：一开始，不太适应，后来习惯了，就有这种感觉——师生之间没有等级差别，我们之间是平等的。这样，讨论问题也就没有什么隔阂了，就像老师和老师之间交谈那样，隔阂打破了，解决问题的方法就更多更好。

我：嗯，当时我听 L 老师这样称呼你们也感觉比较诧异，那天课后我和她聊了一会儿。我问她怎么会想着这样称呼学生，她说你们是师范专业，不管以后当不当老师，但在培养方向上你们是未来的老师，要逐渐习惯这样的称谓；另外她说你们是学×专业的，她不懂你们的专业，在专业上你们肯定能当她的老师。L 老师这个想法很超前也很切实。她这学期还给音乐专业的学生上课，她说在音乐方面，这些孩子当她的老师绰绰有余。

学生 W（自信地说）：是啊，她在教育技术上是我们的老师，我们在体育专业上是她的老师。

L 老师的考虑和做法很超前，在某种程度上折射出她的教学理念。刘旭东和吴永胜在谈到大学教师实践性知识的结构时，说：“由于职业的缘由，大学教师在处理知识与人生的相互关系中更具有自身的独立判断，他本有的专业知识和在专业领域形成的见解通常会在一定程度上影响到他的人生观、教育观和对教学的认识，而由此形成的认识在教师个人的全部思想观念中发挥着奠基性作用，必然会对他的教学生涯和进一步的专业研究与学习产生基础性、方向性的影响。因此，大学教师能否形成与自身专业学习和研究相结合的教学理念是对他的教学实践有重大影响的因素。”[①]课堂上，L 老师对学生的这种称谓对于学生适应未来的职业角色有一定的帮助。同时，L 老师结合教学内容，让学生在角色转换中向老师和其他同学解释自己的单元教学设计，并在交流中不断反思和完善它。L 老师通过个人的教学实践形成了自己的教学价值观，并将它渗透在课堂教学过程中。L 老师与学生独特的“互问礼”在一定层面上体现了她的教学理念，也在课堂生活伊始拉近了与学生之间的距离，使其在课堂生活中始终与学生平等共学，真正实现了学习共同体的构建。

第二个有师生“互问礼”的大学课堂是在 N 大学 T 老师的课堂上观察到的。在 N 大学的学生访谈中，小学教育专业的大一学生 L 提到这学期的高等数学是 T 老师的课，他每次都要课前去抢占前排座位。虽然一起上课的三个专业（小学教育专业、学前教育专业、旅游管理专业）的学生中有一半以上是文科生，学高数有困难，但他认为 T 老师上课思路清晰、逻辑性强，每次讲的新知识都会以习题练习的方式让大家当堂解决。所以，T 老师的高数课深受学生欢迎与好评。我来到教室向 T 老师说明来意后，T 老师欣然同意我在他的课堂上做课堂观察，果然如学生 L 所说，在 T 老师的课堂上，学生是从第一排座位一一往后坐的。上课铃响后，T 老师没有马上操作 PPT，而是笔直地站到讲桌右侧，对学生说：“好，上课！”这时全班学生齐刷刷地站起来，我当时蒙住了，急忙跟着学生站起来，T 老师对着学生半鞠躬，并说：“请坐！”课间休息时，在与 T 老师的间断访谈中，我提道：“T 老师，刚看到您和学生在课前行‘起立礼’，现在大学中很少有这种现象了。”T 老师：“是的，我一直坚持这样做，我个人认为它是一个学校的文化传统，也是师生间最基本的礼仪吧！”[②]第二天，在听了一堂大学英语课后约学生 S 做访谈时，发现他刚好也是 T 老师高等数学课上的学生，其间问及了他对 T 老师课前行“互问礼”的看法。[③]

学生 S：从小学到高中一直会行“互问礼”。刚到大学时，还不太习惯上课前不起立，后来发现 T 老师的课会这样做，感觉挺好的，好像和高中生活连起来了。

我：你到大学快一年了，你们其他课上还有课前行师生“互问礼”的吗？

---

① 刘旭东，吴永胜：论大学教师实践性知识的结构与提升途径. 大学教育科学，2014 年 1 期，第 68-72 页

② 根据 201× 年 5 月 8 日课堂观察记录与教师访谈记录整理。

③ 根据 201× 年 5 月 9 日课堂观察记录整理。

学生 S：没有，就 T 老师一个。我遇到的很多老师都是来了就上课，上完课就走，感觉在大学课堂中，学生和老师的交集较少。

第三个案例不是在大学普通课堂，而是在 X 大学一次学术论坛上的经历。学术性是区别大学与中小学的主要性质之一。蔡克勇首次提出“大学第二课堂”时指出：“第二课堂是指在教学计划、教学大纲之外，引导和组织学生开展的各种有意义的健康的课外活动。”同时他指出：大学第二课堂的活动包括政治性的、学术性的、知识性的、健身性的、娱乐性的、公益性的、有酬性的等活动。[①]

那天学术论坛的第 4 个报告人是 X 大学教育学院的 L 老师，L 老师走到报告席上，首先向在场的老师、学生问好。[②]

L 老师：来自台湾的专家，我们在座的老师、同学，大家好！

问好后，L 老师看着台下停顿了一会，继续说。

L 老师：刚才这个现象，我想跟大家多啰唆两句。这几年，我们跟台湾的交流越来越多，但交流不只是为了丰富信息，还要彼此学习。去年，我在××大学参加了一个“两岸教育亮点”的学术论坛，后来××大学的教务长跟我谈了一个现象，他说：“从大陆来的老师和同学不会回应发言人或者主持人的召唤。”比如，我刚在这说大家好！台湾来的专家都很自然地给个回应，但我们在座的其他老师和同学没有给我回应（台下有很多同学包括我都笑了，但这笑声中包含更多的是难堪与羞愧）。这是值得我们去思考和学习的地方。我记得在那个论坛中，当主持人或发言人说大家好时，底下的老师和学生一定会回应好！回应一句这样的话其实就是打招呼。我想我们的同学、老师，以后如果有发言人、主持人问大家好的时候，请大家共同回应一声。现在，我们来练习一下，好吗？

随后，L 老师再次对着台下的老师和同学微笑地打招呼：大家好！

台下的老师和同学一起大声回应：好！

（之后，所有人不约而同地为这“互问礼”鼓掌）

L 老师：看来我们大家都能做到，以后大家继续保持，好吗？

同学再次大声回应：好！

---

① 陈敏：蔡克勇教授早期高等教育研究与探索. 高等教育研究，2010 年 9 期，第 22-27 页

② 摘自 201×年 7 月 9 日“××学术论坛”录音资料。

之后在 X 大学的一些学术报告会或学术论坛上，但凡是 L 老师主持或做报告时，他都会和学生问好，并等待学生大声地以“好”做回应，师生“互问礼”也奏响了 X 大学第二课堂启幕前交往的序曲。

综上，无论是擦黑板、师生课前“互问礼”，还是学生的座位选择与教师在课堂上的站位，都是课堂生活中师生相互作用、相互影响后形成的一种行为习惯。这种行为习惯在平时可能并不被他人所关注，也不被自身所察觉，但久而久之就成为课堂生活中呈现出来的一种师生间的“惯习”。布迪厄的场域理论对“惯习”也有很多阐述。在布迪厄和华康德看来，“所谓惯习，就是知觉、评价和行动的分类图式构成的系统，它具有一定的稳定性，又可以置换，它来自社会制度，又寄居在身体之中（或者说生物性的个体里）；而场域，是客观关系的系统，它也是社会制度的产物，但体现在事物中，或体现在具有类似于物理对象那样的现实性的机制中”[①]。学校场域中的许多行为虽然都是特定情境下的特定反应，是对学校这个场域自身特性的一种折射，但这个场域不是天马行空、独来独往的，而是在历史的漫长时空中孕育而成的。很多教育行为在当下可能是某种独立的行为与情境的反应，但仔细考究后会发现，这些行为中浸透着历史的积淀，历史生成了惯习，场域又展现了惯习。[②]惯习虽然具有一定的历史性，是一种被内化了的行为表现，但惯习是一种具有建构性的结构。布迪厄和华康德认为，惯习是人们行动的主要动力，并对行动发挥着策略性的指导作用。[③]惯习并不是单纯地复制历史，它会在建构中不断生成新的结构。当这个场域的惯习变得不适应社会实践时，这个场域中的行动者就会主动地调整自己的惯习和行为，以适应当下的场域，以使其在这个场域中得到更好的发展，这就是亚里士多德提到的“实践智慧”的生成。课堂生活中的惯习同样会在教育实践的过程中得以改造与创新，并逐渐形成个体的实践性知识，使之与教育行动者之间形成一种相互促进、相互影响并不断发展的教育交往关系。

作为课堂的物理形态，教室中有很多与交往密不可分的联系，有一些是物质赋予的，也有一些是师生行为、行动中蕴含的。但课堂显然不仅指局限于物理意

---

① [法]皮埃尔·布迪厄，[美]华康德著，李猛，李康译：实践与反思——反思社会学导引. 北京：中央编译出版社，1998 年，第 171 页

② 马维娜：惯习：对教育行为的另一种解释路径. 江苏教育学院学报（社会科学版），2003 年 4 期，第 9-13，27 页

③ [法]皮埃尔·布迪厄，[美]华康德著，李猛，李康译：实践与反思——反思社会学导引. 北京：中央编译出版社，1998 年，第 171-172 页

义上的有形空间，还指由师生双方构成的以日常生活为背景、以专业生活世界为核心、以社会生活为源泉引发的、以各种教学活动为形态的交往形式。“课堂是由师生双方构成的一个教学情境场和社会互动场，是物理空间、心理空间和社会空间的统一体。”[①]教学活动是展现课堂生活的核心，下面章节将对课堂生活中以交往形态呈现的教学活动为主题，对其进行进一步的探讨。

① 郭华：课堂沟通论. 北京：北京师范大学出版社，2006年，第4页

第五章

交往贯穿在大学课堂教学活动中（上）

教学活动总是以一定的方式进行，也可以说，教学活动以一定的方式将教师、学生及知识（也有称为教材、课程或教学内容）、教学目的、教学环境等基本教学要素联系在一起组成了一个动态系统。王道俊指出："教学活动方式决定着教育的效果与质量，选择一种教学活动方式就意味着为学生选择了一种发展方式，一种个性素质。"[①]所以，采用什么样的教学方式对于课堂生活质量有重要的影响。下面内容将以课堂教学活动中经常采用的教学活动方式为主，分两个部分来探讨交往视角下的大学课堂生活。

第一节　大学课堂上"提问与回答"的不同表现形式

提问在教育教学中有着悠久的历史，无论是古希腊哲学家苏格拉底的"产婆术"还是我国教育家孔子的"启发式教学"，都凸显了提问在教育教学中的重要价值。自学校成为教育实施的主要场所，提问也随之成为课堂上教师组织教学的主要手段。正如施良方和崔允漷所说："课堂教学离开师生之间的互动交流（包括内隐和外显的）是难以进行下去的，而互动交流最常用、最主要的方式是师生问答。"[②]他们指出课堂提问主要有以下四个功能：第一，诱发学生参与教学。第二，提供线索，即问答可以使学生注意教材中的某些特定信息，引发学生的有意学习。第三，提供练习与反馈的机会。学生要回答教师问题，就必须回忆所学的有关内容，并围绕这些内容展开思考，这就为学生对学习任务进行重复接触或重复反应提供了机会。同时，教师要对学生的回答做出某种反应，或肯定或否定，有时还会修改、

① 王道俊：知识的教育价值及其实现方式问题初探——兼谈对杜威教育思想的某些认识. 课程·教材·教法，2011年1期，第14-32，43页

② 施良方，崔允漷：教学理论：课堂教学的原理、策略与研究. 上海：华东师范大学出版社，1999年，第202页

补充学生的回答，使之完整、准确。这样，师生问答通过练习和反馈两个过程，巩固了学生已有的知识和技能。第四，有助于学生学习结果的迁移。[①]国外学者Richards和Lockhart将课堂提问的作用归纳为六个方面："激发和维持学生的兴趣；鼓励学生集中思考课堂的内容；有助于教师明确学生的话语；有助于教师阐述某些结构和词汇项；有助于教师核查学生的理解情况；有助于学生的课堂参与。"[②]所以，提问与回答不仅是课堂上师生、生生交往的主要手段之一，同时对活跃课堂氛围、促进教学相长，最终促进教学质量的不断提升具有一定的意义。

在我国大学、中学、小学的课堂上，学生常以举手向老师示意"我能或者我想回答这个问题"。在《论学校文化重建——对学校生活的透视》中，我曾提及在我国中小学及大学课堂中存在着一种"奇怪的举手现象"，即在小学课堂中，发言者比比皆是，举手者争先恐后、跃跃欲试，唯恐不提问他。在初中的课堂上，会有 50%以上的学生老老实实地坐在凳子上举手，静静地等待被提问。到了高中，似乎被谁规定了一样，课堂上大部分学生的目光除了注视黑板外，便是课本，而不再与教师进行主动的交流。当老师说"下面提一个问题"时，本来就十分安静的课堂刹那间会变得十二分的寂静，同学们不再踊跃地举手，而是屏着气、埋下头、趴下身，有的还格外紧张，或涨红了脸。当有位学生被叫起之后，其余的人踏实了，轻轻舒口气，重新坐直。大学课堂上，举手回答问题者基本已销声匿迹。似乎随着年龄的增大，教师与学生彼此之间有了隔阂，甚至在统一的知识领域内，教师与学生也被划成了两个世界的人。[③]刘云杉的著作《学校生活社会学》中有一篇高二学生就"举手"写的作文[④]。

举　手

背上书包的第一天，爸爸妈妈就对我说："上课要认真听讲，积极举手发言。"走进学校，老师对我说的第一句话也是它。从此，这句话深深地印在脑海中，不能忘记。

那时候同学们上课总是很积极。老师提出一个问题，无数只小手会

① 施良方，崔允漷：教学理论：课堂教学的原理、策略与研究. 上海：华东师范大学出版社，1999 年，第 203 页

② Richards J, Lockhart C. Reflective Teaching in Second Language Classrooms. Cambridge：Cambridge University Press，1996：185

③ 马丽：论学校文化重建——对学校生活的透视. 兰州：西北师范大学硕士学位论文，2003 年，第 35 页

④ 刘云杉：学校生活社会学. 南京：南京师范大学出版社，2000 年，第 198-199 页

立刻举起来，这还是不积极的了；倘若积极起来，小手会举得高高的，同学们都从座位上站起来。把手不停地摇着，嘴里还会或高或低地喊着："老师！老师！"叫到了，那位同学一定会高兴地站起来，极快极准确地回答；没被点到的也不气馁，继续认真听讲，以便回答下一个问题。

不知从什么时候起，这种情况发生了变化。上课举手的人越来越少，是老师提的问题太难吗？不，每次被点到的同学都会回答呀。那么为什么呢？我不明白，依然我行我素地积极发言。

直到有一天，当举起手时，我发现周围同学的眼神怪怪的，我竟有些胆怯。我听到有人说："哼，出风头！"我的心仿佛被什么狠狠地扎了一下，举起的手也缩回来了。如今我已上了高二，却再也没举过手。其实老师的问题我都会，可他们谁也不举手。我搞不懂这到底为什么，一度我行我素，如今也再难潇洒，我是怎么了？

现在的课堂变得很滑稽。上课了，师生互礼后，同学们纷纷坐下，就开始了 45 分钟的听课过程。老师在台上讲，同学在下面听，老师讲什么同学就听什么，记什么，气氛虽不活跃，但至少还不像夜一般寂静。"下面我问个问题"，本来十分安静的课堂一下子变得十二分的寂静。人人都低着头，手里转笔的，此时笔也静止了；本来写字的，不敢停笔；坐得高的往下缩了缩，坐得低的赶紧趴在桌上，每个人的心脏的跳动都听得见，每一息轻微的呼吸此时都纷纷现形，不知情的人从窗外一看："哟，这儿在做弥撒呢！"老师终于开了金口，叫了一位同学的名字，教室里突然有了声音，但那不是人讲话的声音，是缩下去的同学重新坐高，趴在桌上的重新坐直的声音混合而成，间或还夹有几声舒气声，闭闭眼睛，拍拍胸口，教室重又恢复了安静。真希望有一天，课堂上能毅然举起许多手，像无数只帆船，在人生的海洋里迎风破浪！

课堂上的提问与回答是课堂教学活动中最常见和最普遍的师生交往形态。在日常观念中，举手发言也常被教师、同学乃至家长认为是主动学习和努力学习的主要表现之一，反映了学生积极的学习态度。每个孩子入学前和入学后，都会从父母或老师那里学习到这种学校教育的传统文化，加之大多数儿童早期都有较高的自我表现意识，小学老师也常用不同的提问方式、评价语言或自制的小奖品，诸如小红花、小红旗、小星星等激励学生积极参与课堂提问与回答。所以，在小学课堂上，举手回答老师提问的学生总是跃跃欲试、争先恐后，小学课堂生活中的师生交往呈现出良好的势态。

但是，进入中学后，这种交往形态发生了变化，主动举手回答问题的学生逐渐减少，甚至就“限定”在为数不多的几位学生，这些学生逐渐成为老师和其他同学心目中的“好学生”。由此可以看出，课堂上主动举手发言的积极性与年龄呈反比。有学者分析存在这种现象的原因主要有两个：“第一，随着年龄的增长，学生逐渐失去了学龄期的童心和率直，不愿在公共场所（如课堂）表现自己。但是，就掌握知识的程度来看，不主动举手发言并不表明学生不会这个问题。第二，我们的教育理念、教育方法、教育手段等存在一些问题。长期以来，我们主流的教育理念一直将学生看成是反应性的受动者，强调教师应对儿童进行塑造，把管理作为教育过程中的首要环节。且管理的方法主要通过监督、命令和禁止等手段来进行。同时，在师道尊严的文化观念影响下，教师主宰了教学过程，课堂上学生的个性压抑较多。”①

在上述原因中，本书认为，学校和教师的教育理念是导致学生不愿主动举手发言的最主要的客观原因。受“师道尊严”“枪打出头鸟”等传统观念的影响，我们的教育较注重“法定知识”的灌输，过多的标准化、统一化等压制了学生敢想、敢说、敢做和愿想、愿说、愿做的丰富多彩的个性发展。久而久之，学生不敢甚至不愿在课堂上发出自己的声音，交往的需要与压抑的氛围构成了矛盾的心理。

在目前的大学课堂生活中，同样作为师生交往主要方式之一的“提问与回答”却呈现出不同的形态。

一、作为一种考勤方式的提问与回答

在课堂教学过程中，为了激发学生的学习兴趣，引发学生的思考，或了解学生对相关问题的认知程度，教师一般会采用提问这种常用而有效的师生交往方式。然而，在许多的大学课堂，教师提出问题后，举手回答者少之又少，甚至会出现集体沉默的现象，尤其是公共课的课堂。所以，大学教师常用点名提问的方式指定某位学生来回答问题。例如，在本书“学生座位选择”的案例中，N 大学马克思主义学院的女教师为本科二年级三个班约 150 多名学生上的形势与政策课，进入到了第二个教学环节。

座位选择的“桥段”在老师一句调侃和学生的哄笑中结束后，老师说了一句：

① 何立立：上课“主动举手发言与年龄呈反比”现象透析. 辽宁教育研究，2002 年 11 期，第 77-78 页

“好，请大家安静，我们开始上课。”便开始正式进入当天的教学。下面是那天课堂上有关提问与回答的一段实录[①]：

老师：在学习今天的教学内容前，我们一起把上节课的关键内容回忆一下。

（老师低着头看着学生名单，刚刚还有点吵闹的课堂一下子变得十二分的寂静，玩手机的学生抬起了头，我旁边自上课起一直低头写实验报告的女生也停下了笔，似乎都在等待老师点名提问）

老师：食品科学（一）班的A。

（老师抬头看了下，没有学生站起来，又重复了一下这个学生的名字，等了一会儿，还是没人站起来，我看到老师在名单上记了一下，继续叫其他同学）

老师：食品科学（一）班的B。

（依旧没有学生站起来）旁边学生低语："中标"了！

老师：食品科学（一）班的C（没有同学起来）。

老师：食品科学（一）班的D（没有同学起来）。

老师：还是这个班的E（还是没有同学起来）。

老师：嗯，这个班的F。

[看到依旧没有同学站起来，老师在这份名单上划完后，换了一份名单。这时我听到我旁边一个女生低声轻轻地发出了一声“嘘”，似乎如释重负，再看她时，她提笔继续写未完成的实验报告。我推断她可能是食品科学（一）班的学生]

老师：园林（一）班的G。

老师：园林（一）班的H。

老师：园林（一）班的I。

（这时听见有座椅的声音，抬头望去终于在靠墙那列有位男生站起来了）

老师：好！你是今天第一个在的同学（大家都笑了）。来，同学们，一起回忆一下，咱们之前讲了几个关键词，一个是“经济地位”，一个是

① 摘自201×年5月10日课堂观察记录。

“经济强国”，由此我们引出了非常重要的范畴，那就是“格局化”、“经济格局”以及“政治格局”，请告诉我政治格局赖以存在和发展的基础是什么？

（学生I开始回答，但因为他回答问题的声音较小，离得又远，我没有听清他的回答，只看到他回答完后吐了一下舌头）

老师：你请坐！

老师：我们请园林（一）班的J（没人站起）。

老师：这个班的K（没人站起）。

老师：这个班的L（一位男生站起来了）。

老师：好的。你告诉我，我讲过的政治格局赖以存在和发展的基础是什么？

学生L：一个国家在国际政治上的地位取决于它在一些重大事情上是否有发言权，以及它的决策是否会对其他国家产生一定的影响。

老师：嗯，这话我说过。

（老师看着学生L，等他继续说，等了一会儿，学生L没有再继续回答）

老师：这就是你认为的政治格局赖以存在和发展的基础吗？

学生L：还有就是一个国家的综合国力。

老师：国家的综合国力，是吗？

学生L：嗯。

老师：很好，请坐。你说到了我们所说的赖以存在和发展的基础，还有综合国力。很好！

（学生L听到老师的夸奖后欣慰地笑了）

老师：请农学（一）班的M（回答问题）。

（老师稍做停顿后等待有学生站起来，但还是没有）

老师：农学（一）班的N。

（这时我听到后面有声音：千万别叫到我！我回过头看到在我后排有个男生低着头，双手握拳，做祈祷状，嘴里还默默地重复：别叫到我，千万别叫到我！）

老师：农学（一）班的O（站起来一个女生）。

老师：好，请听问题。刚才说到了政治格局赖以存在和发展的基础，那么，作为“格局化”的另外一种表现形式，经济格局赖以存在和发展的基础是什么呢？

学生 O：经济格局化表现在对外贸易……（学生 O 努力回忆，但好像没有回忆起来）

老师：还有吗？

学生 O 摇了摇头。

老师：好！

（这时，老师合上了学生名册，安静了一段时间的课堂开始有了一些骚动，我看到刚刚还坐得笔直的很多学生都弯下了腰，有些学生拿出了手机，有的慢慢趴在了桌子上）

老师：那我们从刚才的了解来看呢，除了说不在的同学，刚才在的三位同学中只有一位同学回答了我的问题，“格局化”有多种表现形式，一种是政治格局，一种是经济格局，还有军事格局、文化格局、宗教格局……

（老师逐渐把话题引到了今天的教学内容上）

从以上这段课堂实录来看，任课教师本想用提问的方式复习上节课的重点，点了 15 位同学的名字，其中来上课的只有 3 位同学，本应作为师生交往主要手段的提问与回答却在学生严重缺勤的情况下演变为一种考勤方式，这在大学课堂上比较多见。

大学课堂实行走班制，教室、教师甚至学生都不固定，大学教师不坐班，学生在课堂之外很少有机会见到老师，更谈不上和老师有深入的交流。所以，大学教师与学生在时空上的接触机会相对于中小学来说要少得多。老师不了解学生，甚至上了一学期课却不知道学生姓名的情况比比皆是。当然，学生记不住老师的现象在大学也并非个案，加之大学班主任或辅导员不能做到堂堂考勤等种种原因，缺勤现象在大学的公共课、任意选修课等课堂上尤为多见，尤其是班额较大的公共课课堂，堂堂点名会占用很多课堂教学时间，但不点名学生又觉得不公平，所以很多大学教师常常把提问作为一种考勤方式。

二、作为一种记录平时成绩方式的提问与回答

在 N 大学每学年两次的期中教学检查听课以及这次调研期间的课堂观察中，

我看到许多大学教师将提问与回答作为记录平时成绩的主要方法。调研期间，经同事介绍，我在N大学物电学院网络工程专业大一学生的大学物理课上做了一次课堂观察，任课教师Z是一位女老师，教授职称。Z老师那天讲的内容是“等温与等压”，单班课，学生有34人（这是那天出勤的学生人数，后来在与学生的访谈中得知他们班有37人），其中女生有7人，她们分坐在教室中列的第二、三排座位。在课堂教学过程中，Z老师与学生有多次的提问与回答，提问刚开始时，Z老师拿出了学生名册[①]。有时是点名提问，学生回答后，Z老师拿笔给他记一次平时成绩，并且在这个过程中，Z老师多次提到“××，你只有一次平时成绩”或“××，你这次没回答上来，要把握好机会，要不你就没有平时成绩了”等这类话。有时是问题提出后，学生群答，其中第二排一位女生一直都主动地回答老师的问题，而坐在我旁边（最后一排）的一位男生却不主动地回答老师的问题，但他一直紧随老师思路，或抬头根据老师的PPT在书上记录一些重难点，或小声地回答老师的问题。课后我约这位女生和男生做访谈。访谈中了解到学生B是个性格外向、开朗的女孩，当提及今天课上她的表现时，她笑着说，她一直这样，并告诉我这是她本人学习的一个主要方式，通过回应老师的问题来加深自己的理解或者修正自己不正确的理解。同时，她觉得老师提问后没人回答，老师也觉得很尴尬。和她同来的男生说他本人性格偏内向，所以课堂上不太愿意站起来或大声回应老师的问题，并说这个女孩就是他们班的活宝、“及时雨”，有她在的课堂，其他同学被老师点名提问的概率就会小得多。

将课堂提问作为学生平时成绩的主要来源，是大学教学的一种普遍现象，也是大学教师在课堂教学中常用的手段，课间与Z老师的简短访谈中提到了这个话题。[②]

> Z老师：现在的大学生没有积极回答问题的习惯。
>
> 我：对，这种现象比较普遍。
>
> Z老师：所以必须要用提问的方式，关键还有一些人没有被提问到。提问也是最后总评成绩的一个主要来源。我的这个课是教改项目，期末

① N大学的学生名册一般由学校教务处统一制作，平时上课时任课教师拿的学生名单是作为平时成绩来源的一张表。Z老师个人对这个表做了修改，将平时成绩的来源划分为多次，其中课堂上回答问题的成绩每个同学要有三次记录。

② 摘自201×年4月27日教师访谈记录。

成绩只占 50%，剩下的 50%都是平时成绩。

我：我记得咱们学校有一个不成文的规定，平时成绩不能超过 30%。

Z 老师：我们这个班是课改班，我每次都会写一个有关课改的要求。

我：您这个课改针对的班级多吗？

Z 老师：不多，就这一个班。我还有一门课是中学物理教学法，它最后的成绩是加权平均，期末考试成绩占 50%，期中笔试占 30%，平时成绩占 20%。

我：平时成绩的来源包括哪些？

Z 老师：提问、作业、探究小作业、平时的小测验。多种方式相结合，这样可以给学生一个动态评价。

我：哦！

Z 老师：就是避免对所有知识的考核都累积到期末。因为那样容量太大，给学生减轻点负担，期末考试就考期中之后的内容。

攻读博士学位前，我曾承担 N 大学人文学院大三学生教育基本原理课程的教学任务。考虑到上一届学生在课堂上不爱发言，所以，第一堂课时我就告诉学生：这门课的平时成绩除了两次作业外，如果课堂上回答问题或主动说出自己的观点可以在平时成绩上加分，一次 3 分，最高加 10 分，并明确告诉学生所有答案都没有绝对意义上的对错，只要能自圆其说即可。此举只为鼓励学生多多参与课堂教学活动，却很有效果，在前几周的课堂上，学生参与课堂活动的情况要比上一届好很多，其中有一位男生几乎堂堂发言。大约上了四周，我发现几乎堂堂发言的那位男生不怎么发言了，且总在课堂上看小说。有一次在校园碰到了他，询问后学生很直白地说："回答问题不是最多加 10 分吗？那我最多回答 4 次就够了！"之后我吸取教训，不再将"回答问题加平时成绩"这种做法运用到教学中。无独有偶，在这次调研中，再次遇到了类似案例，是 N 大学大一学生的大学英语课，我观察到课前和课间有几个学生去找老师（图 5-1、图 5-2），好像是背诵什么，完成后，老师会和他聊几句。课间和 Y 老师做访谈时问起此事，原来她要求班上的每位学生每学期要在课前、课间或课后找她背诵至少五篇英语短文，可以是教材或其他书上的，但她鼓励学生最好是自己写短文，这样老师还可以帮他看看语句表达、语法运用等有没有问题，并以此作为平时成绩。我个人觉得这个方法很好，除了可以积累一些优秀的英语短文外，还可以练笔，并在课堂之外与老师有一对一交流和学习的机会。但在与这个班的学生的访谈中，就 Y 老师的这个措施，学生 Z 说："上学期我还是每三周或四周找老师背诵一篇英语短文，这学期我打算前两个月就找老师完成五篇英语短文的背诵，拿到平时成绩就行了。"①虽然 Y 老师要求背短文的这个案例不是严格意义上的"提问与回答"，但我们看到，原本目的为促进个人思考、学习的师生交往方式却在学生的功利心态下被异化为得到成绩就戛然而止，"完成任务""得到成绩"遮蔽了大学课堂师生交往的本真。

图 5-1　课前学生找老师背英语短文

图 5-2　课间学生找老师背英语短文

哈贝马斯的交往理论将人的社会行动分为四种：目的论行动、规范调节的行动、戏剧行动和交往行动。他指出："如果行动者在考虑效益时涉及到了至少是行动者进一步行动的决断，那么，目的论的行动模式就会扩展到策略性的行动模式。这种行动模式常常被解释为功利主义的。"②他认为，现代工业社会中充斥的工具理性与技术理性入侵了人赖以生存的生活世界，控制并左右着人的交往。语言的

① 摘自 201×年 5 月 11 日学生访谈记录。

② [德]哈贝马斯著，洪佩郁译：交往行动理论（第 1 卷）——行为合理性与社会合理性.重庆：重庆出版社，1994 年，第 119 页

沟通与交流成为利益交换的媒介，人在其中也沦为工具性手段，人们之间无法达成共同理解，生活世界也因此出现了再生产危机。哈贝马斯将这种在社会文化互动或沟通中所产生的异化现象称为“有意被扭曲的交往”或“伪交往”。

同样，上述案例说明工具理性与技术理性亦充斥了大学课堂生活。学生在功利主义取向的影响下，将课堂提问与回答作为获取分数和成绩的主要目的，工具理性泯灭了人们的交往行为，使师生间的交往行动失去本有价值，提问与回答被曲解，交往在此中被扭曲。

三、作为一种小组间竞赛学习活动的提问与回答

下面的案例是在 N 大学大学英语课堂上观察到的。这位老师的课是访谈时一名大一学生介绍的，当我问及“在大学有没有给您留下深刻印象的一堂课”时，学生说起了 L 老师任教的大学英语课，用这个学生的话说，就是“我们班同学对这个老师的印象‘贼好’!”他们入学后没上几次课，L 老师就记住了班上每位同学的名字，并且课上气氛非常活跃，互动非常多。我按照学生提供的课程信息在课前来到教室，L 老师是一位年轻的女老师，正站在讲台上和第一排的学生说话。了解后发现这个班今天安排的是阶段测试，无法安排听课，我们另约了时间。第二次走进 L 老师的课堂是早上的一、二节，进入教室后发现，100 多人的教室，学生坐得满满的，后面已没有位置，我连忙坐在靠近讲台第二排最边上的空位置。坐下后发现，这个教室的课桌椅不是固定一体的。上课铃声响过后，L 老师站在讲台上扫视了下面的同学后说了一句：“好了，记住刚我说的话，下次来上课时带上你们的手机。Class begin ! Open your books! 帅哥、美女们，看‘综合训练’的 Unite 4。”L 老师对学生的称呼好时髦啊！同时有点纳闷：“叮嘱学生上课时带手机？很多老师都很厌烦学生上课看手机的，L 老师怎么提这么个要求？”我带着疑惑继续观课。

课堂教学的第一个环节是做完形填空，L 老师给学生强调了短文中 11 个重点词汇及短语的正确用法，随后 L 老师说了一句“Stop here! Please look for your partner, I give you 10 minutes”。这时有的学生开始换座位，有的开始转身进行小组学习。L 老师穿梭在教室的过道里，偶尔为学生“指点迷津”。在这 10 分钟里，我解开了让学生上课时带手机的疑惑：原来 L 老师今天的课是习题课，做题的过程中学生遇到自己不会的单词可以用手机上的软件进行查询（图 5-3）。同时 L 老师也告诫学生：“上课时不能用手机玩游戏之类的，不然你知道结果会怎么样！”在课后访谈中，学生谈到 L 老师的“惩罚”花样很多，如表演各种节目等，“以其人之道还治其人之身”。

图 5-3　学生在课上用手机查单词

10 分钟后，L 老师组织小组汇报学习成果，与其他课堂的小组分组与学习方式略有不同，L 老师课堂上的小组以学生宿舍为基本单位，以竞赛方式随机叫某个宿舍的一位同学来做习题。在提问与回答的过程中，“帅哥”“美女”是 L 老师对学生常用的称呼，她有时拍一下某学生的肩膀说“You are clever!”，有时用略带嘲讽的口吻说“You are stupid!”损一下回答错误的同学，有时也无奈地说：“大哥，这个我曾经讲过的，还没记住啊！”然后将学生回答错误的词汇或容易混淆的词汇及其用法写到黑板上，再进行重点讲解。在“竞赛”中，答错的同学可以向组内成员“求救”，或者“殃及”（L 老师的用语）其他小组，学习过程紧张又不乏活跃。而更为惊叹的是 L 老师不仅记住了每一位学生的名字，还知道学生的宿舍号。竞赛过程中，我还注意到两个小细节：第一是在小组学习中，有位女生趴在桌子上睡觉，L 老师提问了她，这位女生在旁边同学的提醒下回答了老师的问题，她坐下后，L 老师说：“告诉过你们不要在教室睡觉，要睡回宿舍睡，尤其是女生，穿得又单薄，容易感冒。”这种处理方式很好，这位女生在当时的情境下不会很尴尬，充满了教师智慧。第二是其中有个男生宿舍回答完问题后，L 老师用“Very very good! Make persistent efforts!”夸奖并鼓励了他们。这时前排一个男生低声说：“唉！最简单的题还是他们组的。”课后约一位男生做访谈时，说起了这个小片段，学生 S 说：“那个宿舍的同学的英语成绩都不太好，上课也比较沉闷，L 老师就用提问让他们参与进来，不让他们被边缘化，而且 L 老师每次给这个组的题都是相对简单一点的。”学生 S 认为在课堂上让每个学生参与进来，至少不被边缘化，是一种教育公平的体现，而不是“我”觉得这个学生好，“我”喜欢他，“我”就只关注这样的学生，这样的现象中小学多一些，大学几乎看不到。最后，首战失利的小组，L 老师给了他们复活机会，在复活赛中仍未过关的宿舍派了代表自选歌曲为大家演唱，有的同学静静地听，有的同学打着节拍，还有同学低声一起哼唱，在两位同学的歌声中下课铃响了。因为课中和旁边的一位男生（访谈中的学生 S）有过一些合作（查单词、做题等），所以我约他在课后做访谈时，他爽快地答应了。[①]我和 L 老师之间也有一段简短的访谈。[②]

我：L 老师，您的课堂气氛很活跃啊！

L 老师：没办法，学生不爱学习，就得想办法“逼”着他们学！

我：学生的课堂活动参与度也很高！

L 老师：是吗？大一学生比较愁人，不爱学习，只能这样激励他们了。

我：L 老师，您在课堂上还有其他的一些活动方式吗？刚才我看您是以宿舍为单位、类似小竞赛的这种方式。

L 老师：嗯，这样的话，一个宿舍的可以相互督促学习。他们一开学就是这样的形式，就这些活动吧！

我：最后还有复活赛？

L 老师：嗯，还得给他们机会，想办法让他们学！

我：L 老师，您真厉害！两个班学生的名字都记住了，还知道他们的宿舍号。

L 老师：我这个人就是记名字记得好，大一上课一个月后，我一般就记得差不多，因为天天给他们上课，在一起的时间多。

我：这样课堂上的气氛也活跃一些。

L 老师：嗯，反正我不喜欢死气沉沉的课堂，老师也上得没劲。我的原则基本上就是尽量让学生动起来。因为大学和中学不一样，中学要尽量给学生讲语法，而大学英语课更注重运用。所以一般 80%的课堂时间要让学生动起来，我自己尽量少做一点儿、少说一点儿，给他们一个指导就行。

我：您和学生在课堂上也很随和。

L 老师：他们胆子太大了，都不怕我的！

① 根据 201×年 5 月 9 日课堂观察记录整理。

② 摘自 201×年 5 月 9 日教师访谈记录。

我：这样也很好啊！我感觉这种氛围特别好。我昨天听了他们一节高数课。

L老师：你去听了？

我：嗯，就他们班的（我指了指等我做访谈的学生S）。

L老师（问学生S）：你们还学高数呢？

我（提示学生S）：昨天早上的一、二节在文科楼313，T老师的课。

L老师：T老师挺好的呀！

学生S：T老师很好，就是高数太难了。

（我们都被学生的话逗笑了）

我：T老师课堂教学思维很缜密。

L老师：那是肯定的。

我：T老师的教学一步接一步，思维衔接很紧密，课堂氛围紧张有序，您的课堂活泼有序，两种风格。

L老师：是，是。

我：来听您的课还是学生B（N大学物电学院网络工程专业大一学生）介绍的。

L老师:是吗？物电学院的那个小丫头。

我：对。做访谈时，我问她（学生B）入学近一年来留下印象深刻的课时，她第一个说的就是您，并强烈建议我来听您的课。

L老师：是吗？可能是我个人性格的原因吧！

我：听学生B说，您跟学生课后交往也多一些？

L老师：嗯，就是QQ、微信、电话之类的。

我：可能这也是您和学生走得更近一些的原因吧。

L老师：可能是吧。大学老师中，我与他们相处的时间应该是最长的，有两年。因为大学好多课上一个学期就结束了，大学英语课一上就是两年。相处到最后，学生就更不怕我了，是吧？（问学生S）我现在说做作业，你们都不做了。

学生S（连忙争辩）：老师，做呢！

L老师：做了就好！

我：我看他的课后练习很多都做了。

L老师：他还可以。有那种耍赖的，学生B他们班就可多呢！他们班是最让我头疼的，男生多，女生只有 7 个，好多都不爱学英语。

我：我那天和他们班两个学生做访谈，其中一个就是学生 B，另一个是男生 D。

L 老师：那个男孩（学生 D）比较内向，平时话也比较少，上我的课基本就不怎么说话，除非提问到他。

我：听课时我也观察到了，访谈时他也说自己不太善于表达。

L 老师：嗯，他比较腼腆，但学生 B 就是一个活宝。

我：那天学生 D 说起您的时候还是说得比较多的。

L 老师：是吗？那个孩子用文字表达的时候，表达得很好，像写作文的时候，他的思路还有用词都特别好，就是口头表达能力欠缺一些。我觉得是他性格的原因，太腼腆了。

我：其实自己说出来某个东西的时候，他对这个问题的领悟就不一样。

L 老师：对！当你能够把你听到的东西再表达出来的时候，理解得才更好，比我给他们讲多少遍都有用，所以为什么现在让他们这么做，就是让他们理解了再用他们的语言表达出来，那他们的理解就更深刻。

这时有学生进来和 L 老师打招呼，原来 L 老师后两节还有课，于是和 L 老师道了谢，我和学生 S 离开了教室。走出教室再回头时，看到 L 老师站在讲台上一边喝水一边和学生聊天，师生间畅谈地十分愉快。

在课堂上及与她的访谈中，L 老师爽朗的笑声一直贯穿始终，她对学生的态度随和但不乏严肃，从中可以看出 L 老师对学生的了解比较细致。例如，L 老师不但能快速记住学生姓名，还能记住他们的宿舍号；访谈中提到的学生 B 和学生 D，L 老师对他俩性格差异的准确判断无异于来自平时的观察和课中、课后与学生的交往；课堂上，L 老师将相对简单一点的题留给英语能力较弱的组员，提示女生不要在课堂上睡觉时所说的话，等等。从这些细节中都能看出，L 老师是个对学生有心、用心的老师。随后与学生 S 的访谈中，他评价 L 老师是一个很聪明，很有智慧的老师，也是一个对学生很用心的老师，虽然他个人表示不是很喜欢这种竞赛的方式，但课堂上气氛很活跃，与那种死气沉沉的课堂相比，他宁愿选择这种气氛活跃的课堂，并表示 L 老师任教班级的学生的大学英语四、六级的过关率很高。

关于大学教师实践性知识的形成，刘旭东和吴永胜认为，“有价值的教学是教师依据一定的背景，以特定的课堂、教材甚至特定的学生为对象展开的，它生成于特定的组织文化环境中，具有鲜明的日常化特征。在这层意义上，日常的课堂教学实践具有鲜明的生活化本性，是教师职业特性的呈现方式和存在方式，也是一个将显性的知识内化到自己的知识结构并与自己原有的知识糅合起来、转识成智的过程，它给教师展现其观念、睿智和情感提供了机会和可能”[①]。L 老师在日常的课堂教学实践过程中，通过多种与学生交往的方式较准确地了解和掌握了学生的性格、学习状况等基本信息，并将这些信息合理、有效地运用到教学过程中，从而不断调整形成新的“惯习”系统。同时，L 老师的教学充满了教育智慧，师生在课堂生活中能够愉快地成长。

四、有实物奖励的提问与回答

回答问题有实物奖励是幼儿园或小学低年级课堂上常见的情形，为了激发或鼓励学生参与课堂活动，幼儿园和小学老师常用“贴小红花”、自制的小手工作品等奖励回答问题的学生。实物奖励在中学和大学课堂很少见，经常会被认为“太小儿科”了。在对 N 大学学生的访谈中，大二学生 C 说道，他们大一时有位老师常常拿一些糖果、小点心等作为奖励发给回答问题的学生。[②]

学生 C：大一下学期 Z 老师的儿童发展心理学课的课堂气氛特别活跃，大家都愿意往前坐，都喜欢 Z 老师的讲课风格。

我：她是一种什么样的讲课风格？

学生 C：她每次讲课前都会让我们先预习一下，课堂上讲到这个点时，她将学生分成小组，小组代表去讲这个内容。讲的时候，Z 老师不做信息反馈，她就静静地坐那听你讲，做些记录。等你讲完之后，Z 老师让班里同学做评价，讲得好在哪儿？不好在哪儿？小组成员可以进行补充，甚至你认为哪里讲错了，自己也可以补充，这样班里同学有充分的思想交流的机会，最后老师再出来讲。同学讲的优点，老师会提出表扬，讲错的情况一般很少，有时会有一些语言表达的不恰当，或理解错误的时候她也会提出来，因为不能让大家学到一个错的知识。

---

① 刘旭东，吴永胜：论大学教师实践性知识的结构与提升途径.大学教育科学，2014 年 1 期，第 68-72 页

② 摘自 201×年 4 月 19 日学生访谈记录。

我：是的。

学生C：她就是这种教课方式。Z老师自己有一个判断，哪些内容可以让学生来讲，哪些内容需要她自己来讲，而不是把课堂完全交给学生，也不是完全由自己控制，她对尺度的把握让大家既有好奇心也不会感到太多的压力。那一学期的课大家上得挺开心的，学习到的内容很多，大家的收获比较大。同学都很喜欢这种教学模式，讲得好的话还有一些小奖励。Z老师就像一个长辈，看我们（态度）比较端正，会从她的小包里拿出一些糖果、小点心什么的。

我：是吗？

学生C：是，有时候就会有一些小惊喜什么的。说句实在话，每个人都喜欢被奖励，不管是语言上的，还是实物上的。我们都特别喜欢，觉得很有亲和力。

（聊到这儿的时候，我看到学生C的脸上洋溢着一种发自内心的笑，看上去很幸福）

为了亲自体验这个有糖果奖励的大学课堂，我有意在学院教学科研办公室“偶遇”了Z老师。一阵闲聊后，我提及了糖果奖励的事。[①]

Z老师：是吗？是不是我上过课的学生给你说的？

我：嗯，学生说是去年你给他们上儿童发展心理学课的时候。

Z老师：对！学生的积极性其实很容易调动。我用的纯粹是对小孩儿的办法，如买扑克牌，然后小组竞赛、发言，每个小组凑够10张扑克牌，我就给他们发奖品。我每次上课的时候给他们带奖品，如棒棒糖、果冻、巧克力、爆米花等这些小零食。哪个组凑够十张扑克牌，我就给他们一包礼品。

我：学生说起了这事。他当时说，大学课堂上还有这种奖励？

Z老师：不是大学和小学的问题。成人也有游戏的心态，我主要是想要大家回到一种在玩中去学习的状态。这实际上并不是一个单纯的鼓励，而是调整心态。我觉得好玩是人的天性，而在玩中的学习是最轻松、最愉快的，也是接受力最强的。是吧？

---

① 摘自201×年4月25日教师访谈记录。

我：这个是！

Z 老师：我是想把他们的心态调整到玩的状态，这样没有竞争的压力，但是他们会努力去获得这份奖品（Z 老师说到这儿时开心地笑了，似乎回到了课堂的情境中），去抢着发言。

我：学生提起这个了，还问我 Z 老师的包里怎么有那么多好吃的，也说同学们都喜欢被奖励，如口头表扬、实物奖励等。他们觉得那样很有亲和力。

Z 老师：这其实就是一个心态。学生不是吃不起，但是学生的感受不一样。

我：您的课一直都是这样吗？

Z 老师：用扑克牌的形式是第一次。以前我也会准备一些奖品，比如，比较难的内容，我要让学生自己来讲，需要他们积极地参与进来；比较简单的内容，本身学生的参与度就比较好；特别难的内容，比如说"××理论阶段说"，从第一个阶段怎样发展成第二个阶段，书上没有讲，但是我要讲。这个发展过程是如何完成的，怎么样去转化的？这对于学生来说，很具有挑战性。

我：对，我现在脑海中大概只记得这种阶段说及阶段特征。

Z 老师：是，书上只有阶段特征，没有说它是怎样发展的？那么，我们在教学的过程中就是要促进它的转换，从一个阶段向另一个阶段去发展、去提高，这才是我们教育最根本的立足点。一些难度比较大的内容，我都会准备一些礼物，不管你讲得好与不好，对与不对，只要你敢于上来讲，我都会给他发小礼品。我们还在×校区[①]时就用这种方式，用了 10 多年了。我们学院的 D 老师曾经批评过我，说：上课举例，你完全可以用粉笔来举例，为什么非要用一个棒棒糖或者是一个果冻？你这是"收买"人心！

（听了这句话，在办公室的我们都笑了）

Z 老师：你怎么理解都可以。我不在乎别人怎么评价我，我只是为了我的教学。

（这时，我看到 Z 老师很自信地直起了身子，朝后坐了坐）

① N 大学的分校区之一，2006 年这个学院从×分校区搬到 N 大学本部。

随后我与Z老师约好了观课。那天的课堂上，我没看到学生回答问题后有糖果奖励，课后约这个班上的学生做访谈时，学生说上次课有，当问及学生是否对这种奖励有期待，学生说："其实也不是期待物质奖励，但一些糖果或巧克力算是一种小小的鼓励，挺好的！我觉得不管是平时爱学习的还是不爱学习的，大家都挺期待这个课的，不只是期待老师发一些小零食，我觉得我们在这个课上不断地有收获，都在成长，四年中能上这么个课，我心里确实挺感激的。"①

虽然，在那天课堂上没有看到"糖果奖励"，但却看到提问与回答作为一种自然而然的课堂教学行为流淌于整个课堂教学过程中。

五、作为一种自在的课堂教学行为的提问与回答

提问与回答被作为考勤、计分的一种手段在大学很常见，但很少作为一种自在的课堂教学行为而存在，如下是以N大学教育学院Z老师的心理咨询理论与实务课程为例，结合课堂观察及教师、学生访谈整理的一个案例：②

Z老师的课排在周二下午的第五至第七节，连上三节。教室在N大学×教学楼一楼，地处阴面，五月中旬的天气，室外温度比较高，但坐在这个教室刚一会儿，便感觉阵阵凉意，我坐在教室靠窗这列的倒数第三排。第一拨来了3位男生，其中一位男生径直走到讲台上擦干净了黑板，他们一起选择了教室靠窗第三、四排的位置。第二拨走进教室的是4位女生，与先来的同学打了招呼后，选择在了教室中间那列的第三排，坐下一会儿其中一位女生问旁边同学："这个教室怎么这么冷，我穿得有点儿少了，你们谁带多余的衣服了？"同来的女生都说没带，这时先来的一位男生从书包掏出一件外套说："我有一件，你要不介意就穿吧！"女生高兴地说："不介意，不介意。看你穿得也不厚，一会儿你冷了咋办？"男生笑着说："没事！"然后把取出的衣服递给女生，女生穿好衣服后说："虽然有点大，但暖和多了，谢谢！"大家都笑了。这之后陆陆续续进来很多学生，其中有位女生拿了纸巾擦了讲台上的粉笔灰，把讲台上的粉笔头、粉笔盒及黑板擦都整理了一下，然后搬了一把椅子擦干净放在了讲台后面。此时我感觉教室暖和多了，而更暖的是人的内心。

离上课还有5分钟的时候，Z老师进到教室，这个班大概有30名学生，大家散坐在教室的前五排，教室中间这列坐的学生多一些，靠窗和靠墙的两列分别坐

① 摘自201×年5月14日学生访谈记录。

② 根据201×年5月14日课堂观察记录整理。

了四五个学生。上课铃响后，老师走到讲台前，拿起讲桌上的一本书，开始上课。

Z 老师：大家先打开书第 237 页，我们先学习一篇短文——《心理咨询师的三种人生境界》，看过了吗？

（有的学生说看过了，有的说还没有看）

Z 老师：好！你们先看一下，待会我找 3 位同学分别把这三种人生境界读一下。

（学生打开书看这篇短文，Z 老师把书放下，围着教室的过道走了一圈。最后，走到教室靠墙那列的学生旁问你们谁读的声音大一些？有个男生举荐了坐他旁边的一个女生）

Z 老师（对这个女孩说）：好！你来给大家读，你从开始读到“第一种境界”（说完这句又转身，面对其他同学）。大家安静，我们一起听她来读心理咨询师的第一种人生境界。

（学生 A[①]站起来拿起书准备朗读）

Z 老师走到讲台前，对同学们说：我们不仅要用耳朵听，而且要用心去感受第一种人生境界的心理咨询师是什么样子的。说完示意学生 A 开始。

学生 A 开始读：心理咨询师的三种人生境界。今年是我……

Z 老师打断了 A 的朗读：稍等，稍等。其他同学放下手中所有的事情，怎样做才能用心去感受呢？

（学生陆陆续续合上了书，直起身子坐起来）

Z 老师：好，开始！

学生 A 继续读，语调较为缓和：今年，是我成为一名职业心理咨询师的第六个年头……

（在学生 A 读的过程中，有的同学低着头静静地听，有的抬起头听，有的双臂撑在课桌上听，但因为今天我坐在了教室第七排座位，

① 进行课堂观察时，为了减少因为我这个“局外人”的介入而对课堂产生的影响，我一般都坐在后排，学生在课堂上的个体行为，我只能从他们的背影和声音中去判断，学生的具体姓名无法准确写出，同时为了遵守研究中的保密原则，课堂上回答问题的学生，我以大写的英文字母为序，如学生 A 之后再出现就是学生 B、学生 C 等，以此类推。今天的课上，Z 老师和学生之间有很多形式的提问与回答，我没能盯住每一个学生，所以，这个案例中的学生有可能与后面的学生是同一个人。

所以看不到学生的面部表情。Z 老师站在讲台前，闭着双眼，双手握在一起，自然垂下，大家都在静静地听学生 A 朗读心理咨询师的第一种人生境界）

学生 A 读完后，Z 老师睁开眼睛，说话的声音比刚上课时要低沉一些：好！请坐。谁来给我们读一下第二种人生境界？这时中间那列最后排的一位男生（B）主动站了起来，他清了清嗓子开始读心理咨询师的第二种人生境界，Z 老师依旧闭着眼和学生一起沉浸在男孩缓慢、深沉的读声中，教室里一片宁静。

学生 B：到了第二种境界，心理咨询师拥有了更多的心理能量……

（B 读完后自己坐下了）Z 老师睁开眼，轻轻地问："想不想知道心理咨询师的第三种人生境界是什么样的？"

学生齐声说：想！（但声音都不太大）。

Z 老师：谁来？

（前排一位男生举手向老师示意，而后面另一位男生（C）好像没看到已有同学举手，自己站起来拿起书就开始读，读声引得前排的学生都转头看他，他停下来抬头看了看，看到 Z 老师向举手的男生笑了笑，然后示意已经站起来的男孩继续，他再次捧起书开始读，此时此刻的教室十二分的寂静，大家被男孩匀速的语调带入了第三种境界中）

学生 C：第三种心理咨询师，他已经没有了角色的概念……

（C 读完后，老师示意他坐下）

Z 老师：咱们每个人闭上眼睛用心地去感受，第三种心理咨询师是一种什么样的状态？

（教室再次回到了寂静，看着学生的背影）我想他们此时可能都各自在描绘并沉浸于第三种心理咨询师的人生境界。大约 2 分钟后，Z 老师轻轻地、语速缓慢地说：好，我们分享一下，你觉得第三种人生境界的心理咨询师是一个什么样的状态？你感受一下这样的咨询师，他是谁？（没有人说话，大家似乎还沉浸在自己脑海描绘的画面中）

Z 老师：谁来分享一下？或者你还可以说说此时此刻你是一种怎样的心情？

第一个主动站起来的是一位男生（D）：我感觉自己去了一个地方，但也说不清具体是什么地方，其中坐着一个人，但又看不清楚他到底是谁？

就感觉他在那个地方，说他笑吧，好像表情又很复杂，就是这种感觉。

Z 老师：嗯，出现的是这样一种场景，好！请坐！

第二个主动站起来说的是一位女生（E[①]）：我感觉处于第三种人生境界的心理咨询师过的是一种智者的生活，他的那种高度可能是我无法企及的，我在听那段描述的时候就感觉在他面前，我们有一种怀着一颗赤子之心的坦荡，没有任何的羞愧。我觉得从第一种境界到第三种境界就像是人生的一种成长，是把那种想要炫耀、想要张扬的心态慢慢地沉淀到平淡、特别平静的心态。

（E 说的过程中，Z 老师不时轻声用“嗯”来附和她的回答。这之后陆续又有 4 位学生说了自己的感受，Z 老师在每个学生说完后或简单重复或反问学生其中的一些表述）

Z 老师：你们谁有那种感觉，就是心好像被触动了。

（学生低语，有的说“心虚”，有的说“震撼”）

Z 老师：有被触动的感觉的有几个人？

（学生依旧低语）

Z 老师：我们从上学期到这学期断断续续地在持续这个过程，咱们自我成长的最高境界是不是就是成为第三种人生境界的心理咨询师，是不是这样？

（有学生点头，也有学生摇头）

Z 老师：但是我们感觉第三种人生境界的心理咨询师离我们太远了，是不是？

学生轻声回答：是！

Z 老师：为什么会有这样的感觉？

（有学生低声回答自己的看法）

Z 老师：大点儿声。

（不同的声音从不同的地方出现，Z 老师不时从教室这头走到那头，以及时捕捉这些声音，并复述他们的看法：年龄、经验、资格、资历等，而在这些回答中时不时夹杂着学生和老师的笑声）

Z 老师：对，大家说的都有一定的道理。我们觉得这样的心理咨询

① 这个女孩就是课后约做访谈中的学生 W2。

师至少要有一定的人生阅历。

学生 G（男）：还有，他的文化功底一定要深厚。

Z 老师：嗯，还有呢？

学生 H（女）：非常传统。

（这个女生说完后出现很多声音说“不是”，好像很多同学不同意她的观点）

Z 老师：一定是非常传统的吗？

（有很多学生和邻座学生展开了小讨论）

Z 老师：是因为你接受的是传统文化，那你想象出来的、感受到的可能是传统的这部分。

有学生低声附和：就是。

Z 老师：我相信处于第三种人生境界的心理咨询师是不受大众眼光及世俗的限制的，他只和人、人际有关，那他和我们之间的差距在哪？

（表达不同观点的声音再次从不同角落响起）Z 老师复述了两位学生的观点：心态、心境。

Z 老师：仅仅是这样吗？

（学生陷入了思考）

Z 老师：我们做咨询是想做什么？只想夸耀？或者为了显示我们能“整”别人？

（学生摇头）

Z 老师：那我们能为别人做点什么？

（一个女生说了她的观点）

Z 老师复述：对，我们要做对这个世界有价值的事，还有什么呢？

学生 I（男）：只想成为这样的人。

Z 老师复述了这个观点并反问：想成为这样的人，那你做咨询师是想成为哪样的人？

（有学生说第三种，有学生说第二种，还有学生说第一种）

Z 老师：很好！那你想要成为这样的人和你现在之间，你觉得它显示出来的是什么？

学生 J（男）：差距。

Z 老师：这个差距是什么？

（学生各自表达自己的观点）

Z 老师复述了其中一个观点：这是一个自我实现的人。是，第二种境界的人已经是一个自我实现的人。

（学生思考老师这句话）

Z 老师：第二种人是一个典型的自我实现的人，是不是？

很多学生回应：是！

Z 老师：第三种状态的人只是一个自我实现的人。

有几个女生说：超越了吧？

Z 老师：你觉得是超越了自我实现？

（有学生笑，有学生说自己的观点）

Z 老师叫了学生 K，我想听听你的看法。

（这位男生站起来的同时）Z 老师重申了问题：我们普通人和处于第三种境界的心理咨询师之间的差距究竟是什么？

学生 K（男）：我觉得这个差距更多的应该是经历和经验，处于第三种境界的咨询师的生活经历、经验和体验应该很丰富。

Z 老师：你认为只有体验才能够达到那种境界？那是途径。我现在的问题是——究竟差距在哪？

学生 K（男）：是不是我可以说我离第三种境界的咨询师的差距还很大，我需要去学习或经历什么。

Z 老师：好！那我是这么认为的，我倒觉得和第三种境界的心理咨询师相比，我们身上不是缺少一些东西，而是（稍有停顿）多了一些东西。

Z 老师：我觉得是这样的，那到底是不是这样的呢？同学们可以思考，可以辩论。第三种境界的心理咨询师是……

（学生低声的讨论中时而会因为某个学生的观点引发哄笑，我没太听清，但 Z 老师能及时抓住了他们的话语）

Z 老师：他放下的是什么？放空的是什么？顿悟的是什么？

（学生再次开始自由讨论）

（有学生不断说出自己的观点，Z 老师一一复述他们的观点后，不时追问一下或反问一下）

Z 老师：外在的、价值的东西（复述学生观点），比如说？

Z 老师：对功利的追求（复述学生观点），还有什么？

Z 老师：对名利的追求（复述学生观点），还有呢？

Z 老师：他放下的是生活的什么？

（学生跟着老师的话在自己的脑海中努力搜索着问题的答案）

Z 老师：规条、信念、价值观（复述学生观点）。

学生 M（女）：在乎！

Z 老师追问：你在乎的是什么？

（在学生熙熙攘攘的声音中，女孩好像补充了她的观点，但我没听清，Z 老师也没再重复她补充的观点）

Z 老师：OK！N（另外一学生名字）说放下的是假的自己。第三种境界的心理咨询师是一个什么样的人？是一个特别真实的、特别单纯的、特别纯净的、特别透明的人，是不是？那么也就是说，这个过程是不是一个回归真我的过程？

（有很多学生点头，也有学生以“嗯”回应老师）

Z 老师：疗愈的过程、个人成长的过程就是我们逐渐把一些让我们不快乐、不开心、不幸福的一些框架、一些规条，也许是一些信念抛弃掉。信念不全是好的，不全是让我们活得幸福的。当把这些东西慢慢地、一点一点地处理掉，第三种境界的心理咨询师是不是感觉就像透明的一样？

（大家似乎都还沉浸在老师话语带给自己的思想冲击中，没有学生回应 Z 老师的问题）

课后在与学生的访谈中我问及了这个现象。①

我：今天案例分析时，我看到你们班很多同学大概看了四五分钟后，就自发、主动转身开始和后排或旁边的学生讨论案例，而这之前老师没有发出任何的指令，老师自己也在讲台那里自己看案例资料，你们在小组讨论中一直是这样吗？

---

① 摘自 201×年 5 月 14 日学生访谈记录。

学生 W1[1]：您说的这种讨论的习惯，我们在其他课上也是这个样子的，都特别自觉，特别投入。

整个讨论过程中，大家手拿着资料围绕主题展开讨论，从学生的表情、话语及体语中可以看出，大家都在积极参与讨论。Z 老师看了会儿手中的资料后也走下讲台，时不时参与到学生的讨论中。我认为，只有学生能主动参与小组讨论，小组讨论才是有效的，才是真正意义上的课堂讨论。

这时 Z 老师看了一下时间，宣布课间休息 10 分钟，这期间我对 Z 老师进行了简短的访谈。[2]

我：您每次课的开始都有“自我成长”的部分吗？

Z 老师：因为有 3 个课时，每次用一个课时来做“自我成长”。前面都是用一些具体的“自我成长”练习来做。

我：那您以前给学生做过哪些“自我成长”的练习？今天做这个“自我成长”的目的又是什么？

Z 老师：这个不是一种技术，是给大家一个成长的目标。

我：那您这个成长的目标就是做一个准心理咨询师？

Z 老师：对，包括做了一些提高敏锐性、增加可接受性等的训练活动。比如，全班所有同学两两拥抱，拥抱时间尽量长一些，就是尽可能打破性别等一些界限。

我：就像刚说的作为一个准心理咨询师要达到的一些条件？

Z 老师：对，就是要不断地突破一切界限。

我：哦，像您刚说的不断地提高敏锐性、突破一些界限等。

Z 老师：对，还有觉察力训练，背靠背，让一个学生讲一个特别高兴的故事，但是不出声（我有点惊诧，Z 老师可能看到了我惊诧的表情，再次说了一句“不出声”），让背靠背的另一个学生去感受他讲了一个什么样的故事，提高心理咨询师的身体的觉察性、感受性。

① 访谈中以被访者姓氏的首字母作为对其的称呼，在这个案例中，这个学生 W 是其姓氏的首字母，和后续出现的学生 W 不是同一个人。

② 摘自 201×年 5 月 14 日教师访谈记录。

我：是不是类似就是通过肢体来感受、体验他当下的状态是什么？

Z 老师：对，来感受他传递的内在的一些信息。

我：从上学期一直有这个活动吗？

Z 老师：对，断断续续地，也不一定每节课都做，但有的时候一些大的活动这样的教室做不了，就去实验室。（Z 老师拍了拍桌子）这个教室的固定桌椅不行。

我：Z 老师您还给学生设计过哪些活动？

Z 老师：还做过一个“亲密联结”，如“跪拜父母”。

（我有点疑惑， Z 老师看着我疑惑的表情，便给我解释）

Z 老师：四人一组，其中两人分别扮演爸爸和妈妈的角色，还有一人代表的是对等的自己（观察者），扮演子女角色的则跪拜“父母”。这个活动的目的就是让学生与其父母建立最亲密的联结。这个活动做完之后，好多学生哭了，还有学生主动打电话与父母联系。因为一个人内在的力量是自己无法估量的，而这种力量特别重要。

我：这些活动是？

Z 老师：都是我自己学的，从各种理论中学的。从上学期一开学到现在，做了有 8—10 次，陆陆续续，因为有的练习比较大，时间场合都有限制，一小时做不完，就得占一下午时间。那个“拥抱”实验就做了一下午，一直抱到站不住，做完之后，他们班同学之间关系就不一样了。

我：嗯。今天中午来的时候，虽然外面还很热，但这个教室有点儿冷，中间那个穿运动服的女孩进来后说有点儿凉，班上一个男生就把自己带的外套借给了她。

Z 老师：是吧！他们班风气就是挺好的。后来学生跟我说过，做完这个练习后，他们班的氛围与以前相比不一样了，而且那次练习是我的研究生辅助我做的，做完后，研究生说他们之间的关系也融洽了很多。

我：太好了！通过这样的活动，大家之间的隔阂也会消除一些，彼此之间也会开放许多。

Z 老师：对，就是要开放，打破人与人之间那种我比你大、你比我小、他是大学生、你是小学生，还有性别等这些限制，实际上就是回归自我，回归人性。

我：今天课上的第三种心理咨询师体现出来的也是一种自我的回归。

Z 老师：对。不管做什么练习，我做这个“自我成长”一定是这个主线。

我：这个是做心理咨询师的一个主线，如果普通人都这样就更好了。

Z 老师：如果这样，大家都心理健康了。你会对很多东西都释然，就是为了内心那份喜欢去做，对吧？我觉得对我个人影响也挺大，所以我就觉得要教给他们。

我：嗯，您刚开始也给学生说了没有什么对错，学生似乎也释然了，有什么想法都会说出来，参与课堂教学活动的学生很多。

Z 老师：对，他们也在归纳自己的一些观点，并在听别人观点的过程中感受自己，不讲话的人并没有说他没有成长，他也在成长，他以他特定的、自己能接受的方式在成长，所以我从来不强迫学生，也不认为不发言的学生就不好。

我：嗯！Z 老师，我有这样一个假设，就是一个人把自己的想法说出来，在这个语言表达的过程中也是在不断调整他的思路，包括对语言的组织等都是一种锻炼。

Z 老师：是的。我们也有过很多语言的训练，训练如何表达你的真诚、你的热情，如何去设置访谈的问题，是开放式问题还是封闭式问题？还有解释的练习、共情的练习、同理心等，都是以训练为主。对于概念，我们先顺一下，然后讲解怎么样从一个层次、两个层次、三个层次步步深入技术环节。

我：做的过程中对一些概念的理解要比考试前背一下、考卷上答一下那样的理解深刻得多。

Z 老师：是。所以说体验式教学是实实在在的学生在学，老师就起个引导作用，帮助、归纳、总结一下就可以了，关键就是要学生自己去学。

我：Z 老师，我一会儿想找两个学生做个访谈，您能推荐一下吗？如语言表达能力好一些的学生。

Z 老师：行！穿红衣服的那个（后来约做访谈的学生 W2，在课堂上听完心理咨询师的三种人生境界后说说自己的感受时，W2 主动站起来说了自己的感受），她做咨询师的感觉挺好。还有就是第二排这个（约做访谈中的学生 W1），这个孩子想法挺多的。

我：好，我一会儿试一下，问问她们。

Z 老师（信心十足地笑着说）：她们肯定愿意。

我：那就好！他们已经大三了，对大学课堂生活经历得也比较多，感触应该也比较多，想找他们聊聊。

Z 老师：像这种讨论，我现在已经不用再去组织了，刚开始是要组织的，后来养成习惯了，他们不管坐到哪，自己就开始了。

我：是，刚做课堂观察时，我也记录了看案例大约 2 分钟后，学生开始主动讨论。

Z 老师：嗯，他们已经养成习惯了，因为一直是这样子。

我：这个班学生之间的隔阂确实少，看他们现在的两两辩论，男女组队的也不少。

Z 老师：嗯。其他班课堂上可能女生发言较多，他们班男女生都比较积极。

我：是的，无论在大学课堂上还是在中小学课堂上，女生发言相对于男生来说会多一些。课堂参与变为自己真正的学习过程的不多。

Z 老师：是的，你看（顺着 Z 老师手指的方向），这孩子（第二个起来读心理咨询师的第二种人生境界的男生 B）是个体育特长生。他有比赛就走，没比赛也不怎么来上课，但我的课他基本上都上。他们告诉我，每次上完我的课他们心里都好沉重，但又很期待下次课。每次都要做一点的个人成长训练，每次都有所触动。我觉得这是和其他课的一些区别。人的思维是理性的，人的感受是非常感性的，能触动感情的课一定在带给你快乐的同时也会让你有一丝累。所以，我的课尽可能地让学生去感受。今天这个课不明显，有些活动做完了我们要分享一下学生的感觉的，有的时候学生会说我认为怎么样，我就问你感觉怎么样？你去感觉。

我：刚很多学生发言时会说“我感觉怎么样，我想到的是什么，那个画面是什么样的”，训练出来了。

（之后 Z 老师聊到了她这个课期末考试的一个改革思路，后续描述）

之后的课堂上，Z 老师组织学生将“两两辩论”的结果进行了课堂展示（图 5-4），其间 Z 老师亦从学生的辩论、提问与回答中，对“不合理信念”进行了剖析，引导学生从专业角度分析和归纳“不合理信念”的基本理论。当大家还沉浸在“两两辩论”时辩手的言辞、Z 老师的追问和剖析中时，下课铃响了。Z 老师看了一下教室的挂钟后说："哦！没有时间了。你们回到宿舍同宿舍的同学能不能辩一辩？"很多学生说："好！"Z老师看学生应允了继续说："好！谁要觉得辩得好尽可能用手机录下来，然后发给我，我们来听听，怎么样？"学生爽快地回应："可以，没问题！"Z老师说："不管你们以后当老师也好，还是做心理咨询师也好，你会铺天盖地地遇到这种不合理信念。所以，不合理信念辩论技术是一个非常实用的技术，我们要通过练习去掌握。好！下课。"下面摘录一段课后与两位同学访谈时关于Z老师课程的对话。[①]

（a）第一组　　　　（b）第二组

图 5-4　学生"两两辩论"活动的课堂演示

W2：Z老师上课会关注学生的感受，特别关注让我们自己去体会一些东西，而不是简单地给我们灌输知识。

W1：是的。我同学说上完Z老师的课感觉挺累的，那天正好和Z老师聊天，我就给她说了这个情况。然后第二天Z老师上课时的语言、行为就轻柔很多，时不时会问我们累不累等。我觉得她上课的时候会关注我们的接受能力和我们接受时的那种感觉，还会非常关注她是在给我们讲课，而不是她在讲课，是她在给我们讲课（W1将这句话强调了两遍）。

W2：我能理解你说的那个累，我也是。因为每次上Z老师的课都是连着上三节，有时大家都忘了休息，老师也很投入，忘了休息。而且三节课都处于精神或者情绪高度集中的状态，就像刚才那样要直面自己的内心，身心特别累，但是会有那种满足感。所以，我觉得就是痛并快乐着吧，特别好！

① 摘自201×年5月14日学生访谈记录。

W1：就是这个意思。其实我对咱们这个专业的喜欢有个过程，现在我真的很爱这个专业。因为它给我带来了很多的个人成长。这些都是 Z 老师的课带给我的，也可以说是心理学带给我的。大一、大二的课是理论基础课，会有一些枯燥的、无聊，到了大三，上 Z 老师的课，虽然有时候感觉很累，但是在这个过程中我们都在收获一些东西，我们成长了，要成长的话就要做出一些相应的改变，要打破一些原有的东西。就像 W2 说的要直面一些情感，可能会让大家觉得很累，但我说的这种累是一种真实的状态、一种真实的存在，这背后的一些东西（其实是让我们欣喜和快乐的东西）就是我们的收获、我们的成长。上一学期，我们上过三堂实践课，具体做的是“跪拜父母”（前面已论述过）。对这个过程感触特别深刻。当时不知道为什么，对同学跪下去的那一刻感觉特别难受，我就跑出去哭了，声音还特别大。后来我也思考了很多，对我来说真的是一个很大的影响。还有，我觉得 Z 老师个人魅力特别大，刚开始的时候是在技术方面和理论方面比较吸引我，因为她毕竟是目前学院心理咨询方面的一个权威，到后来完完全全被她的个人魅力折服。有一次，约老师帮我做一次咨询，在那个过程中，我真真实实感受到了一个人的情感，这是我曾经欠缺的。我是学理科的，理性的逻辑思维较强，相对理智（这时学生 W2 插话：这就是一个不合理信念，今天课上提到的！我们相视而笑），很多时候我一直在问自己，有没有新的问题、新的感情和一些感性的东西？这就是这个专业和这个课堂带给我的一些收获。还有就是敏感度，就像上次和 W2 一起做那些活动，我们在做活动的过程中可能会关注到一些情况，其他专业的同学可能对这些活动的体验和感受不深，就忽略了，但我们会有这方面的敏感度，这就是这个专业给我的最大的收获。

3 个学时的课，Z 老师没用多媒体设施，甚至没在黑板上写一个字，但课堂中有读、说、论、辩、演等多样化的教学活动。老师的设问、反问、追问、复述、鼓励、纠错等丰富的言语表达方式，加之拍拍学生肩膀、手势、眼神、语调、表情等入境的体语，这些都与学生或站起或坐着大声回答，或反问或低语等相得益彰，使课堂上的提问与回答成为一种自然流淌并荡漾在课堂中的教学行为。而学生在朗读、回答问题、小组讨论、两两辩论中体现出学习的主动性。例如，案例中的学生 B，他是一名体育特长生，平日有很多的训练与比赛，但 Z 老师的课是他除训练与比赛外唯一不逃的课，而且在课堂上，他主动站起来读资料，主动和同学在讲台上演示两两辩论。再如，案例中有很多次的提问与回答，也有多次不同形式的讨论，学生表现出很强的主动性与自觉性。这些都使这个课堂成为真正意义上的“学习共同体”，就像日本学者佐藤学描述的在一所小学课堂上观察到的情境：“无论是教师还是儿童，都能够自然地、逐一地、细腻地表达并体味在以往的日常教学中积累起来的知识，能够侧耳倾听并赞同同学的话语，能够琢磨自己生成的话语，能够表达自己阅读的感悟，能够把同学之间的见解衔接起来。”[①]老师和学生一起营造了一个深入交流与互动的教学氛围，在整个课堂教学过程中，Z 老师设置了很多开放式的问题，并鼓励学生从多元视角分析并尝试解决问题，环环相扣的设问、反问、追问以及概念、原理等理论知识的演绎与推理，激起学生不断思考、讨论和表达的欲望，激励学生独立地去思考、自由地去表达。

“人类的交往活动形式是多种多样的，不同需要的人在不同的层面上实现着不同方式的交往。但是，无论交往形式如何不同，有一点却是相同的，即在所有类型的交往中，最珍贵、最有价值的是弥漫于交往过程的、人和人之间通过心与心的对话获得的‘真情实感’，它是属于人所特有的，也是每个人在交往中希冀的，具有无比珍贵的价值之物。”[②]这堂课令我感受最深的就是对话的真正实现，“对话不仅仅是指二者之间的言谈，而且是指双方的‘敞开’和‘接纳’，是对‘双方’的倾听，是指双方共同在场、互相吸引、互相包容、共同参与的关系，这种对话更多的是指相互接纳和共同分享，指双方的交互性和精神的相互承领”[③]。在这种充分的对话中，我们看到教师和学生都被他们共同参与、合作、投入和创造的相互交往的教育活动所吸引。因此，交往在这个课堂上显现得淋漓尽致，学生与老师充分的参与使课堂成为了一个真正的学习共同体，这种状态下的交往就是一种教学相长的状态，而不仅仅是一种教学手段或方式。同时，在整堂课中，Z 老师随着教学活动的不同自然地变换着自己在教室中的站位。

这个案例是本书“深描”相对详尽的一个案例，作为同事的我在观课中也有很多的反思与启示：作为一个教师，如何引导学生通过课堂学习实现发展和

---

① [日]佐藤学著，钟启泉，陈静静译：教师的挑战——宁静的课堂革命.上海：华东师范大学出版社，2012 年，第 23 页

② 刘旭东：学校文化重建论.西北师大学报（社会科学版），2004 年 5 期，第 82-86 页

③ 金生：相互理解与师生关系的新建构.高等师范教育研究，1994 年 4 期，第 60-67，79 页

成长，如何通过与学生在课堂中的交往及交往的表现形式与结果，去不断完善自己的教学。在课堂教学过程中，师生的对话与行为随着教学情境的不断深入，Z 老师的教学设计也在不断地调整与变化，师生的共同探究成为课堂生活的主旋律。正如英国教育家怀特海对教育做出的诠释："教育是训练对于生活的探险；研究则是智力的探险。"[①]在这样的课堂中，教师的教和学生的学以日常生活为背景、以专业世界为核心、以社会生活为源泉，教育成为师生在课堂教学情境中不断探索与交往的实践活动，并实现了共生、共享的课堂生活愿景。

六、师生交往＝提问与回答？

朋友介绍他们学院有个老师（W 老师）的课上得特别好，教学以讲授法著称，专业理论功底很扎实，科研成果也很丰富，并说下周起是他们学院的期中教学检查，可以一起去听课。见到 W 老师后，朋友做了引荐，W 老师笑着说："欢迎来指导，不知你来听课有没有什么要求，需要我在课上要注意的？"我连忙说："没有任何要求，您就按您原来的设计，最真实的、最自然的那种最好！"然后和 W 老师约了听课时间。朋友和我按约定的时间来到 W 老师上课的教室，他们学院另外两位老师也来听课，学生是 N 大学××学院本科二年级的。学生进教室后基本选择了教室第二至第六排的座位，今天的课是单班课，大约有 40 位学生，女生较多，男生只有 5 位，分开坐在教室靠窗这列的第四、五排。朋友和我坐在靠窗这列第六排，另外两位老师一起坐在了教室中间这列座位的倒数第二排。W 老师已经做好了课前的一切准备：电脑、投影、幕布都已开启，教室的窗帘也拉上了，课件在放映模式，W 老师站在讲台下面和前排几个学生说话。

上课铃响后，W 老师看了一下学生，从一叠资料中拿出学生名单，站在讲台左下方开始点名，点完后有几位学生举手说没有点她们的名字。W 老师疑惑地说："学院给我的就是这个名单，哪些同学刚才没点上？"有四五位学生边举手边向老师说自己的名字，W 老师便叫这个班的班长把这些同学的名字补上，等班长把缺勤的学生及名单上没有的学生查清楚，上课时间已过去快七八分钟了，W 老师说："一会儿下课后刚名单上没有名字的同学到我这来把自己的名字补上，要不影响你以后的成绩。"

然后，W 老师指着 PPT 说："今天呢，我们看这一章后面的内容，我们先回忆一下上节课讲了什么内容？"问题抛出后，W 老师站在讲台下看着学生，有的学生翻书，有的翻笔记，有的好像在忙着抄写什么东西，也有的玩手机，就是没

---

① [英]怀特海著，徐汝舟译：教育的目的.北京：生活・读书・新知三联书店，2002 年，第 146 页

有人回应 W 老师的问题。W 老师三次发问后依旧没有学生主动站起来回答这个问题，他就拿起学生名册："我们找两位同学说说。"这时教室一下安静了许多，刚才窸窸窣窣的声音顿时全无，W 老师点了一位学生的名字："A。"窸窸窣窣的声音再次响起，在这个略显嘈杂的声音中，中间那列第四排一位女生站了起来，手底下翻着书和笔记，翻了好几页后开始读。A 读完后 W 老师说："好！这是前面讲的第一个主要内容，刚说了三个方面。我们再请同学说一下这三个方面是如何相互影响的。"W 老师又点了一个学生的名字："×鑫（学生 B）!"中间第二排一位女生站了起来，她边回忆边说。在 W 老师的多次帮助下，学生 B 将上节课讲的第一个主题下的三个方面所包含的内容断断续续地概述了一下，在这个过程中，前两排有三四位学生抬头，大多数同学或低头看书，或翻笔记，或照着手机抄写什么东西，还有学生窃窃私语，旁边自上课一直玩手机的学生把她的包立起来挡住，继续用手指点触手机屏。学生 B 坐下后，W 老师将第一个主题的内容串讲了一下。这期间不时有一些小问题抛出，这些问题的答案有的是在 W 老师的提示下，学生一点一点回忆出来；有的是学生以群答的方式回应 W 老师，而参与群答的学生基本在前三排，之前照着手机抄写东西的女孩这时开始戴着耳机在手机上看视频。

课中，W 老师讲到了自己的一个研究课题，结合这一课题给学生讲了当地的一些现状，我观察到学生抬头听讲的比之前多了一些，前排的两个男生也抬头津津有味地听着（图 5-5）。大约 15 分钟后，W 老师以点名提问的方式问学生："我们上节课讲的第二个主题是什么？"这时，前排有个男生低声说："还要回忆啊？"然后他双臂趴在桌子上开始睡觉，他的同桌也挠了挠耳朵低下了头（图 5-6）。

图 5-5　前排津津有味听讲的两个男生

图 5-6　前排提问状态下的两个男生

W 老师照学生名单点了一位学生的名字，一位女生（学生 C）斜身站起，同时弯腰看旁边学生的笔记，在旁边同学的帮助下，她回答了 W 老师的问题。第二个主题内容的回顾过程与方式和第一个主题内容的回顾过程与方式大体一致，W 老师叫了三位学生分别说了上次课讲的第二个主题包括的具体内容，三位学生或拿着笔记、教材读一下，或在老师和同桌的帮助下回答问题。与之前一样，参与这次提问与回答的还是坐在前三排的学生，其他学生尤其是坐后几排的学生都依旧自顾忙自己的事情，不怎么回应 W 老师提出的问题。两个主题内容回顾结束后，W 老师叮嘱同学：上课讲过的内容课后要自己多看看教材或老师曾介绍的一些参考书目，加深对所学内容的理解。随后 W 老师开始今天课的内容的讲解，而这时上课时间已快过去 35 分钟了。

W 老师指着 PPT 上今天要讲的内容主题问学生："你们怎么理解文化？" 有学生低语，似乎在说自己对这个问题的理解，但没有人大声或主动站起来回应 W 老师的问题。W 老师转换了问题："什么是文化？" 学生依旧没有回应，W 老师连问两次后没有学生回答，便拿起学生名单点了一位学生，中间那列第二排有位女生站起来分别从广义和狭义两方面对文化的概念做了一个界定，W 老师听完后问其他同学："她说的对不对？" 在学生三三两两说 "对" 的声音中，我听到前排有个女生说："书上就这么定义的，应该没错吧。" W 老师说："这是一种解释，还有没有其他的解释？" 这时坐在我旁边来听课的朋友低声说："W 老师今天咋了？有这么多提问。" 看到学生没有回应，W 老师总结道："刚才这个同学说的文化的含义注重从精神层面对文化的理解，除了精神文化外，还有物质文化。除此之外我们还经常听报纸、电视等媒体说到有饮食文化、服饰文化、建筑文化等。”然后 W 老师向同学讲解了著名社会学家米德对文化的三种分类，并在其中穿插讲了中美文化的异同和两个与文化相关的故事。这个过程中，很多学生抬起头静静地听 W 老师的讲解，时不时用笔摘记一些，而先前一直看手机视频的学生也放下手机，抬头听老师讲解。待 W 老师讲完第二个故事时，下课铃响了，朋友与我来到讲台前。W 老师笑着说：“二位多多指教啊！”这时班长来找 W 老师拿学生名单，要补齐刚点名时漏掉的学生名字，朋友和我再次向 W 老师致谢后离开了教室。路上，朋友说：“W 老师今天的课可是一反常态啊！以前没有像今天这样不断地提问。”我们一边走一边分析，最后朋友将今天课堂“反常态”的缘由归结为我的研究主题在“作祟”，W 老师可能为了照顾我收集资料才这样的，我更疑惑了：难道师生交往=提问与回答？[①]

陈桂生先生曾陈述了他在上海市某教育学院进行的一次有关课堂提问的专题调查中看到的一种现象[②]：他们在上海市 6 所中小学各选 9 节语文和数学课做了课堂观察，发现这些课堂上普遍存在一个问题，即教师提问次数过多（平均每节课达 30 次左右），并且这些问题大都是老师问学生答。每节课多达 30 次的提问中，老师所提的问题又过于简单，且几乎只有一个标准答案，课堂教学过程中也很难看到有学生主动发问，似乎老师所问的是学生已知的东西，学生即使不懂也不会主动发问。陈桂生先生将这种现象称为“懂得要问，不懂得不问”，并认为此项调查中发现的这种现象，至少在如今的公开课中具有一定的普遍性。陈桂生先生对这种现象进行了分析：近年来，为改变教师“满堂灌”的现象，我们提倡在教学过程中增加师生互动，不少研究者和教学管理者甚至把学生在课堂中“动”的时间作为衡量教学改革程度的尺度，如有听课者在，甚至用秒表记录学生“动”的时间。陈桂生先生推测此次调查对象的教师在其日常教学时，“满堂问”的现象未必像调查者所展示的那样突出，只是在有人听课时才如此特意地大搞“满堂问”，以避“满堂灌”之嫌。今天 W 老师的课堂是否也是因为有我们听课，而“特意”这样不断地提问。自那次之后再进其他课堂时，我将研究主题模糊地说成是有关大学课堂的，怕再有这种“特意”异化了本真的交往，改变了真实的课堂。

在 X 大学做课堂观察时，我也看到类似这种情况。X 大学每年都会举办一次教学观摩活动，或以校为单位，或以各个二级学院为单位来组织进行。今年的教

---

① 根据 201×年 4 月 23 日课堂观察记录整理。

② 陈桂生：漫话“满堂问”.教育发展研究，2001 年 7 期，第 86-87 页

学观摩月（集中观摩）活动是由在 X 大学去年举办的青年教师教学技能大赛中获奖的青年教师在全校范围内做公开课。其中的一次教学观摩中我观察到这样一种现象：那天做公开教学的是 X 大学文学院的 L 老师，参加观摩教学的老师很多，加上学生，能容纳 300 人的阶梯教室几乎座无虚席，观摩教学过程中还有一前一后两架摄像机做全程摄像。

课程名称叫“实用文书写作”，是文学院本科生的一门限选课。L 老师讲的主要内容是实用文书中最常见的党政公文的第二讲“党政公文内容要素建构格式”。L 老师首先很简略地提了一下党政公文三大板块的主要内容，然后以三个历史典故为引子，提出党政公文内容要素建构的三个主要环节，然后从“为什么干”（依据）、“干什么”（主旨）和“怎么干”（办法）三个角度讲了党政公文的三个要素及其建构格式。教学过程中，L 老师有讲述、讲解、讲析还有讲评，教学语言清晰、干净。之后，L 老师在 PPT 上出示了一个党政公文的例子，请同学根据讲课内容来说一下案例中公文的依据是什么？公文的主旨及具体写作方法是什么？L 老师点了一位学生的名字，学生站起来回答的同时，一直在教室后面摄像的两位老师拿着摄像机快速地走下来（图 5-7），走到教室左前方对准站起来回答问题的学生进行摄像（图 5-8）。也许在两位摄像老师看来，这只是抓拍一个镜头，但从另一个角度是否可以说他们无形中将提问与回答和师生互动划为等号，终于有了一次师生互动！要赶紧记录下来，这是这次课堂上有师生互动的一个佐证。老师问、学生答不失为课堂教学过程中师生交往的一种方式，但师生交往≠提问与回答，同理，讲授≠灌输。

图 5-7　提问时匆匆走下来的摄像人员

图 5-8　抓拍提问环节的摄像人员

第二节　讲授——另一种教学交往方式

一、“讲授”与“灌输”之争

在课堂教学过程中，教师常常会根据教学内容、学生年龄阶段、个人教学风格等选用不同的教学方法，其中，讲授法是最基本也是最早使用的一种教学方法。李秉德和李定仁对讲授法做了如下界定：“讲授法是教师通过简明、生动的口头语言向学生系统地传授知识、发展学生智力的办法。运用讲授法，教师可以通过合乎逻辑的分析、论证，生动形象的描述、陈述，启发诱导性的设疑、解疑，使学生在较短的时间内获得较为全面系统的知识，并把知识教学、思想教育和发展智力三者有效结合起来，使之融为一体，相互促进。并且，在实际的教学过程中，讲授法又可以表现为讲述、讲解、讲读、讲演等不同的形式。”[1]可见，在教学过程中，很多教学方法是结合运用的，而不只是单一地运用其中一种教学方法或固定在讲授这一种形式上。所以，人们常说“教学有法，但无定法”。然而，很多教师由于未能在课堂中灵活、恰当地运用讲授法的多种形式与其他教学方法，很容易走入注入式教学的误区，从而出现“满堂灌”的局面，引来骂声一片。有学者以“讲授法”和“讲授教学”为关键词，检索了国内学术期刊网 1997—2006 年

---

① 李秉德，李定仁：教学论.北京：人民教育出版社，1991 年，第 198-199 页

10 月的文献，检索到 84 篇相关文献，将关键词改为“探究法”和“探究教学”后，检索到的文献数目为 649 篇，可见二者数量悬殊。讲授法不仅在教育研究领域受到冷落，而且这两类文献都表现出相似的价值取向：对于讲授的讨伐和对于探究的颂扬。[①]

所以，一提起讲授，往往容易联想到“灌输”或“满堂灌”，很多老师对此异常敏感，一个“讲”字竟将教师的讲述、讲解、讲读、讲析、讲评（不管讲得如何）统统贬为“灌输”，以致一些以讲授法著称的教师也不敢在同行听课或者公开课、观摩课中，将自己的这种教学风格展示出来，而以多次简单甚至无效的，充满形式化的提问、学生讨论等活动替代精彩的讲授。

调研过程中，我听了很多以讲授法为主的大学课程，其中不乏非常精彩的课程，下面就列举其中的一位老师——D 老师和他的课。

二、“不在场”的遗憾

刚参加工作时，学校每年会举办一次青年教师教学技能大赛，那时我就听说 N 大学两课部（现更名为马克思主义学院）有几位年轻老师的课很精彩，其中 D 老师很突出，在全校甚至全区各高校青年教师教学技能大赛上屡屡夺魁，深受学生喜欢和好评。这次在 N 大学与不同专业、不同年级的学生做访谈时，当我问到“上大学后有没有给你留下深刻印象的一堂课？”时，好几位学生都提到了这位 D 老师，其中 N 大学化学化工学院大三的学生 F 这样说[②]：

> 我觉得我上大学听过的最有意思的一堂课是马院（学生对马克思主义学院的简称）D 老师的课，我特后悔逃了他一节课。回来后，舍友说今天 D 老师讲得特别好，我就想下一节课一定要去听，因为那个老师只给我们上两次大课。第二次我就去听了，确实讲得很好，听了差不多 20 分钟我就从最后一排冲到第一排去了。我觉得 D 老师讲课特别有感染力，他有些语言特别接近我们的生活，感觉特别亲切，一下把课堂气氛调动起来了。基本上所有人都说 D 老师讲得特别好，能在搞笑中把知识讲给我们。我觉得这是给我留下最深刻印象的一堂课。
>
> 我：他是用一种什么样的方式感染了你？

① 丛立新：讲授法的合理与合法.教育研究，2008 年 7 期，第 64-72 页

② 摘自 201×年 5 月 2 日学生访谈记录。

学生 F：他的课堂上的气氛相当活跃，他也不会提问我们，基本上就是他一个人在讲，但是他的语言能抓住我们大学生心理，感觉就像平时我们几个关系好的同学在聊天的感觉。

N 大学体育学院一位大三的女生也提到了这位 D 老师，她认为 D 老师的课是上大学以来给她留下印象最深刻的课堂之一。[①]

我：在你这三年的大学生活中，有没有给你留下印象特别或者比较深刻的一些课？

学生 W：有，如 D 老师讲的“毛概课”，他之前给我们讲过“马原课”，还有 X 老师给我们讲的“保健课”（学生对“体育保健学”课的简称）。我感觉这两位老师的课给我的印象挺深的，D 老师讲理论完全能吸引住你。X 老师讲课会举很多实例，就是在课堂中让你把这些知识完全消化掉。

我：像你刚说到的讲“毛概课”的 D 老师，我在这儿是第 5 次听到他的名字。

学生 W：哦！是吗？

我：嗯，好多学生提到对这个老师的课印象比较深。

学生 W：对对对！感觉他可厉害了！比如，他给我们讲国际关系，说实话，像我平时根本就不接触这些，但会感觉他讲得很有意思（有点陶醉状）。虽然他讲课比较严肃，而且国际关系这个课题也比较严肃，但他不经意间说出来的一句话，就能让学生全都笑了。

我：很多学生都提到他的课吸引人，那你觉得吸引你的地方在哪？

学生 W：我觉得他讲的东西特别全面，不像有些老师，讲课不是读课本就是读 PPT，没有自己的东西，但 D 老师是自己做课件给我们讲一些相关的知识，课件上图片很多、文字很少，感觉像新闻一样特别吸引人。我觉得吸引人这个很重要，最起码能提起学生的兴趣。

我在 N 大学教学时就特别想去现场观摩这位盛名久传的 D 老师的课堂。N 大

① 摘自 201×年 5 月 6 日学生访谈记录。

学马克思主义学院对其承担本科生的通识课程（学生和老师多称其为“两课”）进行了改革，一门课程一学期学生上课的教室是固定的，而这门课程的主讲教师实行走班制，即按照自己的小课表在不同时间到不同班级讲1—2个专题。所以，根据学校教务中心在教室张贴的课表信息不太好找D老师具体上课的时间和地点，调研期间找过几次，但都没碰到。经过一番波折后，我在L楼三楼308教室找到了D老师。恰好课间铃响，有学生走出教室，趁这个机会我混在进进出出的学生群中进入教室（虽然此举有悖于研究的基本伦理，因与D老师不熟，害怕被拒绝，所以只能从心底真诚向D老师致歉），沿着靠门这边的过道在这列的第七排找了一个空位坐下。这是一间能容纳300多人的阶梯教室，教室的桌椅是活动桌椅，今天上课的学生大概有100多人，以男生居多，只有十几位女生，女生基本选择了教室的后几排座位，学生多从教室后排坐起，前两排的座位空着，中间那列的第三排有两位男生。D老师站在讲台前一边喝水，一边和一位男生说话，学生也和前后左右的同学聊天。投影上展示的PPT的主标题是“中美关系的‘蜜月期’（1972—1989年）”，尤其看到“蜜月期”这三个字，D老师的用词还真不一般啊！

课间休息结束后，D老师继续上课，课前，他对学生说：“这节课我坐下讲啊，站了一下午，有点站不住了。”学生断断续续地说：“好！”D老师坐到讲桌后面的椅子上，手里拿一个小型麦克风开始上课：“好，我们开始上课。接上节课的内容，我们说1972年随着尼克松的访华，中美关系逐渐走向正常化，我把正常化的一系列过程给大家展现一下。”然后，D老师在投影上一一展示了一些照片，并讲解了这些照片背后的历史事件。以下是摘取的其中一段课堂实录：①

D老师：正常化其实也是一个外交名词，如我们常说的外交关系，也就是说这时候中美关系开始建立起来了。1972年，尼克松第一次访华，他很珍惜和中国领导人有一次见面的机会。尼克松访华结束回到美国之后，成功竞选了新一届美国总统开始了他的第二任任期，但是第二任任期开始没多久，尼克松便宣布辞职，因为发生了一个事件，叫“水门事件”，他辞职之后按照美国的法律规定，不再举行总统大选，而由副总统，即福特直接继任总统，这是福特在1975年访华的照片（PPT出示照片）。

……（中间一部分讲述在此省略）

① 摘自201×年5月7日课堂观察记录。

> 这是卡特退休之后再次来到北京的情形（PPT 出示照片），中美两国领导人再次见面了。乔治·布什当了总统之后，1989 年 2 月 25 号，又访华……这张图片（PPT 出示照片）显示的是 1997 年国家领导人访问华盛顿。其间，两个国家都经历了一些历史事件，这就是我为什么把第二个阶段叫做“一波三折”时期（这时图片上方显出一行字：中美关系的“一波三折”期）。

摘录到这里的是其中 12 分钟的部分课堂录音。之后，D 老师列举了一些事件来介绍了这个阶段中美关系“一波三折”的具体表现，其中穿插了很多这些事件背后的细节及相互关系的故事，这些细节及故事都以恰当的图片（或照片或地图等）展示给大家。在这个过程中，D 老师也提了很多小问题，但多以自问自答的方式解决。可以说，从表面上看，这堂课是较为典型的讲授课。但我们看到，D 老师的讲授包含了讲述、讲解、讲析、讲评等多种表现形式，而且一些内容会用图片演示的方式呈现给大家。他能根据大学生的心理特点和认知规律，对所要讲授的内容进行深加工，将各种史料合理组合并融为一体，使这些教学内容不但具有一定的逻辑性，使听者有一种听故事的感觉，更主要的是能引发听者不断地去思考，而“欲使学生思考地学，教师需有更多的思考。教学过程，对于教师来说，不仅是将知识展现给学生，而且是将自己的思维过程、思考状态展现给学生。这样，学生就不只是在学知识，也是在学思维”[①]。

至此，我深深理解了学生 F 所说的那份后悔和遗憾，因为 D 老师的课堂，“在场”与“不在场”的那种体验和感受是完全不一样的，这样的课堂是每一个学生都不愿错过的，如果错过了，课后即使补笔记也补不到“在场”的那种体验和感受。D 老师讲课思维活跃、思路清晰、条理清楚、逻辑连贯，简练、生动、幽默并富有感染力，丰富、广博的知识积累，课堂上轻松的氛围，以及他那富有哲理的话语就像一块磁铁吸引着我们在场的每个人，我们一边静静地聆听，同时又在脑海中重拾对这些事件的零碎记忆，引得很多学生包括我在内一起走进那个历史年代、那个历史事件，去看，去思考，去试图将它们联系在一起还原当时的那个历史场景及它背后的故事。课堂中的每个人就像法国雕塑家奥古斯特·罗丹创造出来的一个“思想者”（图 5-9、图 5-10），课堂成为学生思想生成的“高点”。现场的这种体验错过了，那就永远错过了，就像德里达所说：

---

① 张家：大学课堂：思考着的教学.大学教育科学，2008 年 5 期，第 110-112 页

“如果言语在说者与听者不在场的情况下，在完全不同的语言环境中重复，其所产生的意义也就会不一样。”①

图 5-9　思想者——课堂上的学生

图 5-10　思想者——雕塑

① 转引自李春华：德里达解构主义语言哲学观评析.求索，2007 年 8 期，第 143-145 页

正如有学者所说："大学生'必修课选逃，选修课必逃'的厌学现象固然有千百个'不该'的理由，但其中课堂教学缺少魅力和价值（学科价值或沟通价值）恐怕是值得教师反省的主要原因。当学生选听两节课的价值低于酣睡和闲逛时，他们的选择也未必不合理；而学生如果主动放弃两节精彩的课，受损的绝非教师而是学生自己。"[①]所以，对于大学课堂，课堂上的体验和感受是学生对课堂做出取舍的首要原因，而不仅仅在于这门课是公共课还是专业课或学位课这个理由，因为学生非常清楚，对于一堂好课，"不在场"的遗憾是永远无法弥补的。

① 董云川，等：大学课堂：无奈与梦想.高教发展与评估，2008年5期，第69-79页

第六章

交往贯穿在大学课堂教学活动中（下）

“提问与回答”和“讲授”是课堂教学活动中最常见的师生交往形态。分析交往视角下的大学课堂生活，还需关注大学课堂生活中的生生交往和师师交往，本章从这两个角度分析贯穿于大学课堂教学活动中的各种交往形态。

第一节　“务虚”的合作学习——大学课堂中的生生交往

合作学习作为一种新型的学习方式，目前在各个阶段的学校教育教学中都有运用。美国著名的合作学习研究专家约翰逊兄弟认为，“合作学习就是在教学上运用小组，使学生共同活动以最大程度地促进自己以及他人的学习”[①]。《学记》中也有合作学习的相关论述，如“相观而善之谓摩”，“独学而无友，则孤陋而寡闻”等，提倡在学习过程中，学习者之间要相互观摩、相互切磋，共同学习。有学者从三维目标的达成方面提出了合作学习的重要性：“合作学习是知识与技能获得的一种有效方法；合作学习可以让学生掌握学习的方法，了解、参与、体验学习活动的过程；合作学习可以培养学生学习的兴趣、情感、态度等。”[②]所以，作为一种新型的学习方式，合作学习在大学课堂中也比较常见。但大学课堂中的合作学习却存在一些问题。例如，小组组员分配不合理、组间差距大，小组作业存在“搭便车”现象及讨论流于形式等。本部分以交往为视角，分析大学课堂中生生间的合作学习。

① 转引自王坦：合作学习——原理与策略. 北京：学苑出版社，2001 年，第 5 页

② 王鉴，李泽林：如何让教师在合作学习活动中掌握合作学习方法.课程·教材·教法，2012 年 6 期，第 102-107 页

一、有“分工”，但无“同学”的小组合作学习

大学课堂教学中，一些教师为了让课堂上有学生的声音，调动学生学习的积极性，常常会选择课程教学中的部分内容，以专题作业的方式布置给学生，以小组形式共同完成，最后以文本形式上交或在课堂上汇报小组合作学习的成果。小组的组建一般是学生自由组合，有的教师会提一些简单要求，如人数、性别的合理搭配等。

在调研中，我在一些课堂上观察到小组合作学习的场景，即每个小组推荐组内 1—2 名同学在课堂上以 PPT 的方式展示他们小组的合作学习成果，汇报结束后，老师进行点评或补充。访谈中，有学生提到他们有一些课就是以这样的方式来完成课程学习的，但学生也提到了他们在这种合作学习中的一些“技巧”。

> 学生 W（N 大学××学院大三学生）：老师布置这样的作业后，我们一般都分工完成。比如，有一个同学负责查资料，一个同学负责整理资料，有电脑的同学负责把整理好的资料做成 PPT，口才好的同学负责在班上讲。
>
> 我：查资料和整理资料是由两位同学负责？
>
> 学生 W：差不多吧！看小组人多不多。小班课人少点，可能四五个人一组；大班课人多，有可能七八个或十个人一组。小组人多，每一项任务就多分两个人。
>
> 我：整理资料的时候大家一起吗？
>
> 学生 W：不，我们已经分好工了，就那一两个同学负责整理。
>
> 我：他俩整理的你们都同意吗？其他同学没有自己的想法或观点？
>
> 学生 W：一般没有。
>
> 我：不是小组观点吗？这样的话，其实你们组最后的观点可能就是负责查资料或整理资料的学生的观点了。
>
> 学生 W：差不多吧！大家也没意见。说实话，我们就是完成任务而已，大家不会花时间一起坐下来讨论的。
>
> （W 说完笑了，我在他“诚恳”的回答下也无奈地笑了）。[①]

① 摘自 201×年 4 月 25 日学生访谈记录。

王鉴认为，“合作学习的两个要素是‘分工’和‘同学’，实质上也是‘积极互赖’和‘个人责任’的反映”[①]。只有每个小组成员的共同努力，才能有小组最后的成功。但大学生之间的小组合作学习只有“分工”而无“同学”，大家只是对学习主题做了分解，各自完成被分配的工作，就像工厂的流水线作业一样，每个人只会做自己的那道工序，最后的成品只剩下经济价值。教育不同于机器，学校不同于工厂，小组合作学习重在每个学习者都发出自己的声音，最后的学习成果应是小组智慧的结晶。合作学习重在小组成员通过相互交流、相互切磋，并共享信息，甚至在相互争辩中激起思维的火花，产生新的认识，只有这样的小组合作学习，才是真正能体现交往本质的合作学习。

二、倾听缺失的课堂小组合作学习

教师以小组方式布置专题作业的教学方式在调研期间的课堂观察中遇到的也比较多。教师采用这种教学方式的原因有三个：一是让更多的学生参与到课堂教学中，让课堂生活中有学生的声音；二是提高学生的自主学习能力，尤其对教师教育专业的学生，这样的教学方式可以让他们尽早得到锻炼并尝试适应教师的角色；三是可以通过其他同学的演示观照自己，取长补短，达到相互学习的目的。但实际情况是，当一个小组在课堂上做展示或讲解时，其他同学基本处于“游离”状态，有睡觉或玩手机或做其他作业的，倾听者只有老师和组内学生。这种现状远未达到教师采用小组合作学习方式的初衷。同样，在课堂小组讨论中，倾听缺失现象广泛存在于大学课堂的生生交往中，大家都是相互说或各说各的，而没有实现真正的相互听和相互学。

日本学者佐藤学认为，“真正的学习是协同学习，包含相互倾听、有挑战性、符合学科本质三个因素。倾听他人的声音是学习的出发点”[②]。佐藤学指出：当前课堂上的一些小组合作学习多表现出形式化的特征，很多时候是小组成员相互表述自己的想法而已，而不是通过听别人的想法或观点而重组自己的想法或观点。他认为这样的合作学习没有实现真正的“相互学”，所以不能称之为“学习”。调研期间，我看到在大学课堂上的小组学习、小组讨论中存在的一些现象与佐藤学所说的这种不能称之为“学习”的现象很相似，倾听、互学、对话等并未在合作学习中体现出来，所以，这样的合作学习并未实现真正的学习和交往，正如保罗·弗

① 王鉴：课堂研究概论. 北京：人民教育出版社，2007年，第237页

② 曾国华，于莉莉：专访佐藤学：“学习是相遇与对话”. 中小学管理，2013年1期，第23-25页

莱雷所说："没有了对话，就没有交流；没有交流，也就没有真正的教育。"[①]在小组合作学习中，学习者只有通过和他人的合作，与多样的思维进行碰撞，并在此过程中不断加深自己的思考才能实现真正的学习。合作学习中的每个人从当前的已知世界出发，在与他人的交往中探索未知世界，并在多样的思维碰撞中擦出新的火花，形成新的认识与能力。只有在这样的学习过程中，个人才能实现成长和发展。

第二节　被异化的几种大学课堂交往形态

1986 年，海德堡大学建校 600 周年时，哈贝马斯发表了一次题为《大学之理念——一个学习的过程》的演讲。在哈贝马斯看来，大学理念的核心是一个以大学为形式的学习过程。这个学习过程的核心，即合理的交往行动，也就是平等、自主的不同主体之间以生活世界为背景、以日常语言为媒介、以"更好论据"为权威的达成有关"世界"（客观世界、社会世界，在一定程度上也包括主观世界）的共识的过程。[②]我国也有学者对大学精神做了这样的描述："出生证上有'文化'之烙印，血液中流动着'情感'，骨髓中深藏着'智慧'，思维中飘荡着'至理'，脑后还有一颗'怀疑与批判'的'反骨'，行为方式既有传承更有创新，举手投足无不体现'真情与学养'，开口闭口尽是'追问与探究'，既能'脱俗'更能'入世'，执意追求'品味与卓越'并藉以直面社会的发展……以上种种综合成模糊、混沌、浑然一体的大学精神。"[③]现实的大学教育又是如何，大学课堂是否实践了教育即交往的本质属性？是否体现了交往背后承载的教育理念和大学精神？

一、大学课——课件演播课、大学教师——PPT 播报员

在学校课堂中，教师借助教学媒体展开教学活动也是展现课堂生活中交往的一个层面。自 20 世纪 90 年代中后期以来，计算机在各个领域得到广泛普及，网络和多媒体技术也逐渐走进学校，教师借助的教学媒体也发生了很大变化，电脑、音响、投影、幕布、液晶电视、电子白板等陆续走进教室，尤其是大中城市的大学课堂，这些教学媒体的存在与运用已呈常态化。在教学多媒体化和网络化的情境下，教师的教学工作确实方便了许多，高效、省时、省力是大多数大学教师首

① [巴]保罗·弗莱雷著，顾建新，等译：被压迫者教育学. 上海：华东师范大学出版社，2001 年，第 41 页

② 童世骏：大学的理念//杨东平：大学之道. 上海：文汇出版社，2003 年，第 6-8 页

③ 董云川："有而不在"的大学精神.中国大学教学，2005 年 10 期，第 61 页

选多媒体教学的初衷，多媒体技术在课堂教学中的运用不但改变了教学信息传播、存储、使用的方式和提高了教学效率，还使教学形式、教学内容、教学方法发生了变革，并在一定意义上提高了教学质量，扩大了教学规模。尤其自教育部本科教学评估将“采用现代多媒体教学的比例”作为其中的一项评估指标以来，对多媒体的运用更是得到大学的普遍重视，甚至在部分高校的评教中，教师上课是否使用 PPT 进行教学成为其中一项指标。基于此，PPT 作为一种教学手段及教学媒体被广泛运用于大学课堂。但反过来思考，就像新卢德主义者所批判的那样，多媒体技术在教育教学领域中的广泛运用，“究竟是源于教育本身的真正需求还是商人制造的虚假需要？”[①]这样的质疑并不是空穴来风，因为在部分大学课堂上，多媒体教学已被窄化为“PPT 教学”。

调研期间，我在 X 大学两个任意选修课的课堂上做了一项调查，题目是“就您看到和经历的大学课堂，您对大学教师会提出哪些合理建议？”要求学生以写“小纸条”的方式说说自己的观点。两个班共有 81 位同学参与了这项调查，年级包括大学本科一、二、三年级，专业涉及中文、历史、思想政治教育、地理科学、物理、会计学、美术学、音乐、英语、教育技术等 10 个专业。在 81 位学生表达的看法和建议中，以 PPT 教学为关键词的回答有 18 个，占 22.2%。例如，一位历史文化学院[②]大二的女生说：

> 有些老师，尤其是我们文科的老师，能从一上课就念课本，念 PPT，念到下课就走人。我不知道这样上课有什么意义，我希望老师能够讲一些课本上没有的，课本我们自己也会念。

一位物理与电子工程学院大一的男生说：

> 任课教师应加强与学生的互动，活跃课堂气氛，使学生能和老师积极配合，提高学生对这门课的热情；任课教师在制作 PPT 时，尽量有图片等的设计，不要纯文字，看着枯燥乏味。

---

① [美]维纳著，陈步译：人有人的用处——控制论与社会.北京：北京大学出版社，2010 年，第 27 页

② 调查前已向学生说明在纸条上需写年级、专业和性别，但学生对自己专业的称呼很简洁，如只写中文、物理、美术学等，没有写具体的专业名称，所以，我根据学生所写的，以专业所在的学院为指称。

一位地理与环境科学学院大三的男生说：

有的老师上课就是念 PPT，念完一张又一张，毫无乐趣，而且 PPT 也不美观，还强制我们抄笔记，相当于给每人发了一份课件。

一位外国语学院大二的女生说：

老师不要过度依赖 PPT，或只是对讲义或课本进行朗读；而要关注本专业最新、最前沿的东西，同学们需要“新鲜的血液”；希望有些老师上课前能备课，不要连自己要讲什么内容都不清楚。

可见，目前大学生对大学教师课堂教学时过分依赖 PPT 有很多的意见和建议。

在这次调研中，我共走进 40 多个课堂（70 多节课）做课堂观察，大学教师在课堂教学过程中以 PPT 为主的占 90%以上，适当的时候会用一些板书做辅助，其中也不乏整堂课都在读 PPT 的老师。而课堂上完全没有采用 PPT 教学的只有大学英语和心理咨询理论与实务两门课，另外有一门统计学课，老师在教学中以板书为主，一步一步进行推导，只在课堂最后几分钟做练习时打开 PPT 来呈现练习题。在 N 大学做访谈时，很多学生对 PPT 教学也颇有微词。

N 大学人文学院大一的男生 S 说：我觉得 PPT 只是一个辅助工具，是课本的延伸，其中必须要有老师自己的东西。如果教师能被机器代替，那就是人们说的“教师机器人”，你的每一个问题他都预先存好了答案。大学老师应该是有自己想法的老师，而不是千篇一律地只播放 PPT，上大学一年来，我印象中这样的老师很少。①

N 大学人文学院大三的女生 Z 说：很多老师上课的时候都借助多媒体，导致现在的老师缺乏教学能力，只是 PPT 的播报员。②

N 大学化学化工学院大三的男生 F 说：我觉得现在老师不用 PPT 就不会讲课了。照着 PPT 读的老师太多了，我不赞成采用 PPT 讲课，我觉得它只是一种辅助工具，并且我觉得上课只读 PPT 的老师是不合格的大

① 摘自 201×年 5 月 9 日学生访谈记录。

② 摘自 201×年 4 月 24 日学生访谈记录。

学老师。[1]

N 大学教育学院大二的男生 C 说：在课堂上，老师如果一直播放 PPT 的话，窗帘需要全部拉起来，屋里一片黑，老师就在那讲理论体系，尤其下午又是两点钟上课，学生基本都晕晕乎乎的，课堂氛围也是死气沉沉的。[2]

N 大学生命科学学院大二的女生 L 说：我整体感觉老师上课时用的多媒体也就是 PPT，而且 PPT 上每页满满都是字，字还非常小。平常如果我们这样交作业（学生用 PPT 讲课），老师都会给不及格，但他自己上课的 PPT 就是这样。[3]

很多高校的教师都存在“PPT 依赖症”。熊丙奇教授谈到几年前，他曾收到一封学生的来信，信件开篇就提到：我们真想把学校里的多媒体教室砸了!学生在信中说，多媒体养了太多“懒汉教师”，以前，教师还要在黑板上写板书、推导公式，现在，教师上课就放 PPT，对着 PPT 照本宣科。一次上课时教室停电，来上课的老师居然不知道这节课上什么内容，经调查发现，有的教师的 PPT 是从别的教师那里拷贝来的，由此可知，有些老师上课前根本就不会备课。[4]《中国青年报》曾报道过这类问题，各高校大学生提到了大学课堂教学中 PPT 教学存在的一些问题。例如（以下学生的名字都是化名）：[5]

湖南大学新闻学院大四学生杨光告诉记者，上大学后，除了英语课，其他老师上课没有不用 PPT 的。杨光说：“现在我最熟悉的软件就是 PPT 了，前几天整理电脑时，打开以前的 PPT，却完全没有所学知识的印象，这也是现在过分依赖 PPT 的弊端。”同时他认为 PPT 毕竟是一种技术手段，哪怕不用 PPT，甚至连板书都没有，只要老师能精彩生动地把知识点讲清楚，我们也会很满意。

宁波万里学院学生曾燕经常感觉自己在大学课堂上就是一个神经高

① 摘自 201×年 5 月 2 日学生访谈记录。

② 摘自 201×年 4 月 19 日学生访谈记录。

③ 摘自 201×年 4 月 27 日学生访谈记录。

④ 熊丙奇：大学教师为何患上“PPT 依赖症”. 上海教育，2009 年 21 期，第 25 页

⑤ 谢洋，刁文佳，谭思嘉：过分依赖 PPT 课堂教学丢灵魂. 中国青年报，2009-09-25，第 6 版

度紧张的速记员。因为不少老师都会在开课之初就告诫他们，考试不会划重点，考试的知识点都在PPT上，要想“过关”就得做好笔记。曾燕只好一节课不落地做笔记，最后抄了满满一本。到期末时，这门课的很多图表、概念都没弄懂，幸好是开卷考试，她对着笔记依葫芦画瓢，居然还得了89分。

大四学生许阳给他的大学语文课老师起了个外号叫“孔乙己”。上课时，他先是打开电脑和投影仪，端坐在讲桌后，抑扬顿挫地对着电脑把课文吟诵一遍，然后把全班的花名册拿出来，一个接一个点名让同学站起来解释文章的意思，照例是不抬头，间或从镜框下瞅同学一眼。一堂课过去，PPT也没见翻上一页。许阳说他的PPT经常就是把整段整段的课文敲上去，满篇的白底黑字，密密麻麻，看着眼睛都疼。

宋思慧是扬州大学植物保护专业的学生。与文科老师相比，她遇到的大部分理科老师一般都会在使用PPT的同时辅以板书，“PPT就是一个框架，为了讲清楚一个公式的计算过程，很多时候老师要边写边讲才行”。但大二时教她大学物理的老师，让她改变了这一印象。“每次上物理课，这个老师基本就是照着PPT念！”宋思慧说，老师的PPT准备得倒是很充分，除了一般PPT上会有的大纲、概念外，连详细的公式推导都列全了。可上课时，老师从不跳出PPT内容一步，随着屏幕转换，老师飞快的语速让不少跟不上节奏的学生都昏昏欲睡。最后大家没人愿意听她的课，她就每节课都点名，最后一节课还要签到点名。宋思慧抱怨：像这样讲课，我们自己拷份PPT回去看不就够了吗。

当多媒体成为目前大学课堂教学中的主要教学手段时，我们首先要考虑这种教学技术与人的发展之间的关系。“从教学技术与人的价值关系来看，教学技术具有功用价值和人文价值，其功用价值是指教学技术提高教学活动效率，实现教学活动的科学化、规范化；其人文价值体现在教学技术运用过程中具有满足人利用技术进行教育的作用。教学技术不是静止的物，而是人利用技术展示人的理性、创造性、人文性的过程，负载着人的一定教育价值观。”[①]依此，以技术为核心的多媒体如何发挥其本有的功能，通过人机交往及蕴含于人机交往之中的言语交往、

① 付强：论教学技术的人文向度.济南：山东师范大学博士学位论文，2013年，中文摘要

思维交往等，合理体现其在教学中的价值意义，从而实现促进人的发展这一终极目标，是教师运用多媒体需首要考虑的问题。另外，多媒体技术在教学中的运用体现在多个方面，多媒体技术通过计算机实现对各类媒体信息，如文本、图形、图像、动画、声音、视频等的综合处理和控制，实现人机交互式操作，具有图、文、声并茂甚至活动影像等多样化的特点，能够提供最理想的教学环境和教学效果。[①]然而，许多大学教师运用多媒体技术时，注重更多的是 PPT 制作本身，关注更多的是其中的文字与符号，多媒体技术在大学课堂中的运用被单一化为 PPT 的演播，大学教师则成为 PPT 的播报员。在此背景下，课堂教学中的不确定性、丰富性和意向性被这种机械的、程式化的操作技术所掩盖，甚至被替代，在这样的课堂生活中，教师的创造性、教学风格被遮蔽，教师的作用被削弱，教师的教学智慧亦被消解得荡然无存；而学生在拉着厚厚的窗帘的教室中昏昏欲睡，或被一幕幕 PPT 上满篇的、条框化的文字和符号弄得眼花缭乱。在这种机械的、程式化的教学中，学生的情感和体验变得麻木，认知和思维变得僵化，学习的意义亦被吞噬，课堂生活在这种被异化的教学技术下偏离了教学中主体间交往的本性，也偏离了教学技术的本真。

二、电影课

201×年 6 月，在 X 大学做调研期间，因为室内温度高，很多老师上课喜欢开窗或半掩着教室门，便于通风、散热。一次，在×号教学楼做课堂观察时，对面教室放视频的声音太大，不得已，课上到一半时，L 老师关上了教室门，但对面教室的视频的高分贝声音一直持续到两节课结束。课后的教师访谈中，L 老师无奈地说：

> 对面教室肯定又放电影了！现在上课时间放电影的太多了。不信，你可以在上课时间在这个教学楼走一圈，数数有多少教室在上课时间放电影。

课堂上播放一些与课程相关的视频资料也是多媒体技术运用到教学中的一个方面。大学教师在课堂教学过程中插播一些与教学内容相关的视频资料，或将教学内容与视频资料相结合的情况，以加深学生的理解。也有一些教师给学生放一

① 周淑梅：多媒体技术在教学中的作用.齐齐哈尔大学学报（哲学社会科学版），2009 年 6 期，第 163-164 页

些与专业有联系的经典电影，网上推荐了很多教育类的经典电影，像《放牛班的春天》《死亡诗社》《心灵捕手》《地球上的星星》《上学路上》等。但大学课堂上真的有很多电影课吗？带着这个疑惑，我听从了L老师的建议，于201×年10月、11月和12月的三个下午对X大学三栋教学楼进行了室外观察，发现每栋教学楼都有几个教室在播放电影（但凡放视频的教室一节课后再去观察，看是放的短视频还是长篇电影）。X大学A号教学楼1—5楼共有12间教室有课，201×年10月的某个周五下午，其中有3个教室在放长篇电影，占25%；X大学B号教学楼1—3楼共有16间教室有课，同年11月某个周五下午，其中有3个教室放长篇电影，占18.8%；X大学C号教学楼1—2楼共有17间教室有课，同年12月某个周五下午，其中有3个教室在放长篇电影，占17.6%。从以上数据可以看出，电影课在大学课堂中确实占有一定比例。在X大学的一项调查中，一位文学院大一女生提交的“小纸条”上写道：“教师在课堂上不能为了调动学生的兴趣而一学期都放电影，导致考试都考电影。”我看到这个女孩所提的建议时有点惊诧，一学期的课都看了电影，单不说这位大学任课教师是否尽到了教书育人这项最基本的教师职责，就整学期都放电影这事，他是如何通过学校各级各类的监督及评价体制的？①考试考电影，这样的“试卷”在学院也能审核通过？再者，这样的“试卷”在本科教学评估中是否属于合格试卷？②放电影长达一学期，竟也逃过了教学督导的“法眼”？③学校教师评价系统中的各个子项目，学生如何填写、打分？但在现实的大学教学中，这样的电影课不只学生遇到。调研期间的学生访谈中，X大学××学院一位大二的女生提到，他们的大学课堂上也出现过类似的情形。那天的话题是从她认为讲课比较好的L老师谈起的。[①]

我：你觉得L老师的课哪些地方吸引了你们？

学生L：L老师讲的知识比较有“营养”，他不是照本宣科，读读教材，或者随便放个电影，就让我们混一个选修课学分，L老师讲的知识比较实际、有用。有些老师就是直接放电影，放了太多电影。

我：你上大学这一年多，在课堂上放电影的老师多吗？

学生L：大一，军事理论课（学校公共课）上放了好多电影。我们学院的限选课“××概论”，也在课上放了好多电影。

我：比如你们的“××概论”，一学期放了几次电影？

① 摘自2013年6月10日学生访谈记录。

学生 L：至少十部，我也不太喜欢那个老师，动不动就放个电影给大家看。

我：一放放两节课？

学生 L：嗯！一放就放到下课。

我：有些老师上课会放一些短视频资料，并且将讲的内容与视频资料联系起来。刚这位老师会不会将这些电影和“××概论”中的一些相关内容联系起来，和大家做个讨论或什么的？

学生 L：少！有一次让我们看完后写读后感，其他的就只是看一看，而且跟我们专业挂钩的电影也比较少。

我：你们的“××概论”是周几的课啊？就是一周上几次？

学生 L：一周上一次。在这个课上，我们看了很多不同类型的电影，还有海军题材的电视剧。

我：这个是军事理论课上看的吧？

学生 L：不是，就是“××概论”课上看的。

我：这种高频率的电影课是你大一时遇到的？

学生 L：“××概论”是上学期的，大二第一学期。

我：哦！那其他课上有没有这种高频率放电影的？

学生 L：英语听力应该不算，英语老师经常给我们放一些电影练我们听力。其他老师的话，比较少。选修课放电影的相对多一些。

我：“××概论”是你们的专业基础课吗？

学生 L：是专业限选课，唉！感觉从这个课上也没有学到什么东西。

从学生 L 的叹息声中，我似乎看到了她的一丝失望、一种无奈。学生 L 是来自厦门的一位女孩，刚开始做访谈的时候她就告诉我，来大学快一年多了，现实中的大学和来上大学之前想象中的大学有很多的不一样，“我觉得大学课堂就应像一些电视剧或电影里演的那样，老师学术水平较高，大家会一起讨论一些问题，如某个同学对老师的看法不认同，可以和老师进行讨论。”学生 L 说这些话的时候仰着头，似乎在脑海中勾勒着她理想中的大学，而说完这句后她转过头盯着我说：

但事实上我遇到的这样的老师太少了，有的老师讲课讲得比较有深度，像L老师的课（X大学比较知名的一位教授，读博期间也给我们上过课，他的课普遍受学生欢迎及好评），J老师（另一位受她好评的老师）的课，他们的课就会引发我去思考一些问题。而有些老师我觉得就是在混工资。如果大学没有点名，估计没有多少学生愿意来听这些课。

三、大学教师的“个人生活史”课

在上面案例中，学生L谈到她希望大学教师能多讲一些课本外知识，对这个问题的追问引出了另一种形态的大学课堂生活。

我：在你们的课堂上，老师讲课外知识的多不多？

学生L（没有花多长时间在脑海中搜索这样的老师和这样的课，便脱口而出）：大一第一学期有位老师，教“××学”的，完全就是和我们唠家常，跟××学一点关系都没有，我就打了一学期的“酱油”。第一学期结束后我就想我不会再碰到他了，结果第二学期又碰到了，他又教了我们另一门课，课上还讲那些家长里短，一年下来，专业知识我们一点没学，但他家的所有关系全班同学都很清楚。

学生L似乎对我问题中的“课外知识”的理解有些偏颇，但同时也反映出她可能对这种课堂形态印象很深，她诉说过程中的语气、表情似乎表现出她对这样的课堂，对这样的老师的一种“深恶痛绝”。

X大学历史文化学院大二年级的一位男生在“小纸条”中也写道：“个人经历固然有用，但上课不能一直说个人经历；有些老师上课声音太小，我们都听不清，老师也不在意；有些老师几乎不和学生交流。”大学课堂上，老师偶尔讲讲个人的一些经历或生活中看到的某些问题，多半也是结合教学内容中的相关部分讲，用N大学电气工程专业一位大三的男孩的话说就是，这样的老师不是那种“两耳不闻窗外事，满脑子只有他的科研和学术”的大学老师，这样的老师接地气，更有亲和力。

以上两位学生所说的课堂中以讲“个人生活史”为主的大学老师在N大学也有学生提到过，那是和一位N大学的毕业生（当时已在英国读硕士研究生）X在即时通信软件上聊天，当问她：“大学四年来有没有给你留下深刻印象的一堂课？”时，她提起了大学期间她所遇到的好几位老师，因为时差关系，我问这个学生能不能将这些老师及他的课堂写成随笔，然后用邮件形式发给我，她同意了，几天后就收到了她写的一篇小短文，其中提到曾给他们担任过大学英语课教学的老师，她这样描述这位老师及她对这样的课堂生活的感受：

> 印象中大学英语课的老师是一个生活态度不那么乐观还略带些愤世嫉俗的人。课堂上的他很少露出笑脸，多半是坐着讲课，讲课的语气也多显疲乏，缺少对职业的热爱。上课时也总是按部就班地按照读课文—认单词—讲单词—做练习这样的步骤进行，课堂氛围比较压抑，少有同学听课，多半同学都在做自己的事。有时候会感觉英语课堂是两个世界，老师讲老师的，同学做同学的。课堂上，少有与教学内容相关的师生之间的互动和交流，很多时候的互动常是老师对我们的教导，但从他的教导中我听到更多的是他对职业现状的不满和对生活的抱怨，而看不到他对我们英语学习现状的关心与担忧。
>
> 总的来说，两年的大学英语课就是那么过的，让我对英语没有产生丝毫的兴趣，由于压抑无趣的课堂氛围，大学英语课甚至成为班上很多同学最不愿意去上的课。

近年来，有关“教育回归生活世界”“课堂回归生活世界”的呼声很多，但如果把课堂上唠家常、念个人经的现象作为对这种理念的践行就大错特错了，这些现象有悖于学校教育教学的目的，异化了“教育回归生活世界”的本真。刘旭东提出：“‘教育回归生活世界’的价值诉求是以日常生活为依归，力求创造更加丰富多彩的生活，并通过对生活疆域的开拓，改造和完善人性。‘教育回归生活世界’要立足于人的生成性，还教育以生活的本性和充满智慧挑战的特点，关注学生发展的真实需要，通过教育创新，使教育从以往单向的传授知识的模式转换为基于真实情景的交往活动。”①

第三节　大学课堂中的“潜规则”

听课是目前各级各类学校定期或不定期开展的一项常规的校本教研活动。同

① 刘旭东：对教育与生活关系的思考.教育研究，2007年8期，第53-57页

样，在高校每学年或每学期的期中教学检查中，大学教师互相听课便是其中一项主要活动。如果撇开听课是加强高校教学质量监控、本科教学评估等教学管理方面的重要手段，而从交往视角来分析，大学教师互相听课是师师交往在大学课堂生活的一种表现形式，也是促进教师专业发展的一种有效途径，教师可以在互相观摩、学习的基础上提高教学能力。国外有学者指出，听课对教师的专业发展具有重要意义。例如，Fanselow 将被听课老师比作一面镜子，提出听课老师可以通过观察被听课老师的教学来反观自己，从而发现自己课堂行为中存在的问题，并根据观察到的教学方法来改变自己的课堂行为。[①]Richards 指出，教师可以通过听课进行自我反思，这样不但能更深刻地了解自己的教学，还能促使自己做出更为合理的教学决策。[②]然而，从交往视角来分析大学教师的听课状况发现，本是教师间相互学习、交流、促进个人专业成长的听课在实施过程中却存在一些异样的形态。

一、同行莫入

河北大学外语教研部以促进教师专业发展为目的，在自愿的基础上组织教研部 25 名大学教师以学习小组的形式开展互助听课活动。活动过程中，组织者通过问卷调查了解了大学教师对互助听课活动的态度等。调查结果表明，大多数教师认为教师间互助听课非常必要，并对互助听课抱有非常积极的态度。数据显示，88%的大学教师认为“教师间进行教学观摩是十分必要的”，100%的大学教师表示“我愿意到本单位其他教师的课堂进行观摩学习”，但其中 64%的大学教师表明“不希望本单位其他教师到我的课堂听课”。[③]调研期间，我基本是借助各种熟人关系，才走进一些课堂进行观察和研究的。其中接受观课请求的大学老师不多，婉转拒绝和直接拒绝的却不少。例如，调研期间，同事介绍了她以前的校友，见面后我简单介绍了一下研究主题。

她（听后有点吃惊）：还要进课堂听课吗？

我：嗯（我简单说了一下我的研究主题与主要的研究方法）。

她：我不知道你还要听课，没做任何准备。

① Fanselow J F. “Let’s see”: Contrasting Conversations about Teaching.In Richards, Nunan.Second Language Teacher Education. Beijing: Foreign Language Teaching and Research Press, 1990: 184

② Richards J C. Beyond Training.Beijing：Foreign Language Teaching and Research Press，2001：152

③ 郭书彩，韩红梅：大学教师互助听课实效性的调查研究. 国家教育行政学院学报，2009 年 7 期，第 79-82 页

我：这种自然的课堂更好，您平时怎么上就怎么上，您就当我是班上学生。

她：我上课上得不好，怕你收集不到想要的资料。

我：你们是理科专业，我可能都听不懂你们的很多专业术语，我主要观察课堂上的交往状况。

她：你今天还是别进课堂了吧，我没做任何准备，还是有点儿紧张。①

其实，调研期间被严厉拒绝的案例也有很多。例如，我在调研初期就遇到了“熟人”的严拒。他是同系的老师，原本想是“熟人”，所以没像对其他老师那样提前征求意见，而是查了课表后很自信地在课前来教师休息室等这位同事，同事进来后我们笑着打了招呼。

我：X 老师，你好！好久不见啊！

X 老师：你回来了？毕业了吗？

我：还没，这不来做调研，收集资料来了（当我简单说了一下研究选题并信心满怀地表示想进他的课堂时）。

同事笑着说：那不行！

我一听有点儿吃惊，但还是继续开玩笑地说：我主要观察学生，不看你！

这次同事拒绝地更决然：那我还在课堂上呢！不行，不行！

我一看还不行，就借助学生好评来说：好几个班的学生都说你的课上得非常好，我来学习学习，给个机会！

同事起身边往外走，边说：学生瞎说，你千万别信！我上课去了啊！

也就是从那以后，对于“熟人”或通过“熟人”介绍的，我都会提前几天打电话表达观课、听课的意愿，对方同意后再进入课堂。对于实在找不上“熟人”或者怕通过“熟人”介绍后反而不真实的课堂，我便“隐藏身份”，不打招呼，“潜伏”进学生人数较多的公共课或选修课的课堂观课。②

---

① 摘录于201×年5月研究日志。

② 摘录于201×年4月10日研究日志。

被大学教师拒绝进入他的课堂是我在调研期间常遇见的情况，相对于中小学教师，大学教师更加“维护”“坚守”他的课堂场域。另外，大学学科与专业的划分比中小学精细，精细的学科具有更严密的逻辑规则。“通常，在知识被分类划等的语境中，越是规范和严整的学科就越具有缜密的逻辑规则和结构体系，其知识具有高度的稳定性和较低的可通约性，学科之间在旨趣、知识呈现方式、内在逻辑和结构、方法等方面也就存在着明显的差异。相应地，各学科之间就越具有不可渗透的边界与更具有鲜明的排他性。”[①]而这种不可渗透的边界与排他性现象在大学更加鲜明，大学教师在专业领域更偏向于“各自为营”，不善交往与合作，大学课堂也随之变为“同行莫入”的“禁地”。

二、表演性的大学公开课

我在N大学工作期间，学校很少组织大规模的观摩教学的活动，常见的是学院每年或每两年举行一次的青年教师教学技能大赛，很多情况下都是系里的青年教师心照不宣地以轮流方式参加该大赛，胜出者代表学院参加学校的青年教师教学技能大赛。教师相互听课是学校每学期期中教学检查中的一项常规活动，一般在学院内部进行，每位老师至少要听五位老师的课，检查标准就是上交五份不同老师和课程的“N大学听课记录表”（附录2）。刚参加工作的前几年，我会很认真地去听，把它当作观摩学习的好机会，所以，只要和自己的上课时间不冲突，一般都会去听学院其他老师的课。其间，我渐渐地发现很多听不够五门课程的老师会抄袭其他人的听课记录，被听课的老师也更愿意把自己上课的课件发给同事，以帮助他们填写要上交的听课记录表。最后，这些上交的表格被学院封存入档，表中有关评价那一栏的内容，授课教师是看不到的，也很少有人主动去学院档案室查看同事对自己课堂教学的评价，工作几年后，我也成为这样的听课者和被听者。对于很多大学教师来说，听课就是完成任务，以听课活动来体现示范功能、沟通功能，激励教师提高教育教学能力的功能在这样的情境下没有得到应有的重视。

调研期间，我在X大学的网页上看到即将举办“教学观摩月”活动，由上一年在青年教师教学技能大赛中获奖的部分教师在全校范围内进行集中教学观摩授课活动。在这次活动中，X大学要求：①全校2005年以来参加工作的教师、担任教学任务的教辅人员每人至少参加5次教学观摩活动；②参加此次观摩教学活动的师生于开课前10分钟进入教室，并保持良好的课堂秩序；③此次集中观摩教学

① 刘旭东，马丽：提升边界的渗透度——教育的实践性诉求.教育研究，2012年6期，第15-21页

活动是提高课堂教学质量，促进经验交流的有效手段。每场次观摩结束后，要组织主讲教师和听课教师进行研讨和交流，为青年教师提供分享教学经验、互相学习教学技能、共同提高教学能力的机会。其间，我跟着其他听课老师观摩了一些教师的课堂教学。以下是我在这次观摩教学活动中的一篇研究日志[①]：

今天是X大学教学观摩月活动的第十二堂课，观摩课地点是在X大学×教学楼二楼一个能容纳300人的阶梯教室，授课教师是×学院的一位青年男教师（D）。课前学校教务处的工作人员在教室门口给来参加观摩教学活动的教师发放“X大学教学观摩听课记录表”（附录3）。来参加观摩教学活动的教师比较多，估计有200余人，学生大概有50多人，教室的空位置不多。我一直觉得大学有这样规模的教学观摩活动实属不易，但从那天课堂上的情景来看，很多老师都只是来填写听课记录表的，并且有好几位老师一人填多张姓名不同的记录表（估计是代填）。课堂上很多老师并没有认真观摩和学习，而是出现与课堂活动不相适宜的或摆弄手机，或低声打电话，或和旁边的老师窃窃私语等行为。我坐在教室倒数第二排，很多时候听不到D老师的声音，回来整理课堂录音时，发现里面有很多嘈杂的声音。我个人觉得有些听课老师的行为不但严重影响了课堂秩序，而且是“学高为师，身正为范”的反例，课中不时有学生转过头用疑惑，甚至极其反感的眼神看后面一直低声讲话的老师。一节课结束后，很多老师起身去上交填写好的记录表，这时教室后面有位男老师大声喊：“各位老师交完表后留一下，我们一起坐下来交流一下。同学们可以下课了！”可是老师们交完表后也随着学生向教室门口走去。其间，那位男老师又大声重复喊了一次，但两次喊话依旧没挡住老师离去的步伐，不到5分钟，教室只留下D老师与坐在教室后排几位老师（其中就有刚才喊话的男老师），以及整理记录表和等待继续录像的工作人员。

上一堂的观摩教学课与今天D老师课堂上的基本情况差不多：50分钟的观摩课结束后，参加观摩学习的老师们也是交完记录表就走了，未看到有人组织听课教师做课后的交流研讨。

① 摘自201×年5月27日研究日志。

从现场观摩学习的实际情况和 X 大学组织这场活动的初衷来看，X 大学此次集中观摩教学活动流于了形式。

三、督而不导的大学督导

刚参加工作时，学院为我们三位年轻教师委派了“师傅”，是学院已退休的两位老教师。我的“师傅”是 Z 老师，一位 60 余岁的女教师。开学第一周，Z 老师让我将这学期所要承担课程的教学大纲、教学计划及前两周课的教案拿给她看，Z 老师看得很仔细，在教案上做了很多详细的批注，提出了她的意见和建议。那学期，作为“新手”的我，只有一门每周两学时的课程，Z 老师基本两周去听一次课，课后，Z 老师从教学态度、站姿、教学语言、教学方式、板书、组织学生活动等多个方面做出评价，每次有肯定和鼓励，并提出需要改进的地方。一学期结束后，Z 老师要求我上交教学总结，并提出重在反思的要求。就这样，Z 老师当了我一年的“师傅”，手把手教我适应大学课堂教学及大学教师的角色。后来学校聘请了一些离退休教授、副教授和在职教授、副教授中担任教学督导，每个督导老师分管 2—3 个学院的本科教学督导工作（《教学督导工作条例》的具体内容见附录 4、附录 5），其中听课就是教学督导的一项主要工作。该条例规定：每学年督导听课累计不少于 40 学时；听取学生对课程的意见，与任课教师进行交流，并对其进行必要的指导；同时要填写有关记录表，并将记录表报教学办备案。而且督导听课不会提前打招呼，一般都是按照课程表随机进入课堂听课。在我工作期间，每学期都有督导来听课，但每次课间休息时，督导就匆匆离开了课堂，之后也未见督导针对课堂教学与我进行交流及指导，很多同事也提及他们遇到的督导听课情形基本相同，直到其中有同事评职称未过，才知道是因为被督导听课评定为不合格而被一票否决的。这时，我们才知道督导听课后填写的听课记录表中有等级评定，一个学期结束后，督导会将这些记录表交至学院教学办归档，只有教师自己去查才能获知督导对自己教学的评定。大学的这种督导方式只单一地体现出“督”，而真正意义上的交流与指导却未能体现出来，表现为典型的“督而不导”。

四、大学听课存在的问题

综上，本书将大学教师间的相互听课中出现的问题概括为以下几类。

（一）形式化听课，重量不重质

部分大学教师、教学督导未将通过听课促进教师专业发展作为听课活动的目标，只将其作为完成学校规定的听课任务，注重听课的数量而不是质量。更有甚者将听课视为应付管理层面的检查，摘抄其他老师的听课记录或者直接将上课教师的讲义或 PPT 课件抄写到听课记录表上交差。这样的行为严重偏离了听课活动的良好初衷，使听课流于形式且收效甚微，对于听课者和被听课者无任何有益的帮助。

（二）自学式听课，重听不重交流

一些大学教师对听课有正确的动机，将他人的课堂视为一面镜子，并进行自我反思，查找自己在课堂教学中需要改进的地方。这种行为体现了听课的自我反思功能，但也仅停留在自学、自省层面，而未与被听课教师、其他听课教师进行沟通与交流，未能实现通过听课后的教学研讨达到沟通、交流从而促进教学能力提升的目的，而更多的思想与灵感往往是在交流与碰撞中产生的。

（三）诊断型听课，重评不重激励

诊断型听课通常是大学教学督导和学校各级管理层面领导，通过到教室听任课教师一学时或十几分钟的课后对任课教师一学期或一学年的教学进行考核和评估，体现了听课的管理功能。但只听一两节课，很难对一个教师真实的教学水平与教学能力有全面了解，这样的考核与评定有失客观、公正。同时，听课重在课后的交流与指导，最终目的是激发大学教师的教学热情，促进大学教师的专业发展，而不仅仅是对教师的教学水平与能力进行等级排列与量化评价，使之成为职称评定、评奖选优的标准。但在实际过程中，我们看到目前大多数的大学教师和管理人员都将同行听课、观摩教学、督导听课等视为来自管理者的行政命令或者是教学工作中的任务性要求，并未实现通过这些教师间以课堂生活为核心的交往促进大学教师发展和成长的目的。所以，完成任务式听课、敷衍听课和被动听课成为大学教师听课中普遍存在的现象。

教师专业发展贯穿于教师职业生涯。目前，在岗教师主要通过互相听课，参加教学研讨活动、有关教学的学术会议、教师培训、脱产学习与进修等促进个人专业发展。但是，目前在大学的各级各类教师培训中，有关大学教学的培训甚少，多数教师只在参加工作之初为取得高校教师资格证书，参加了短期的岗前培训。走上工作岗位后，大学教师多在各自研究领域从事纯学术的研究，与教学的相关研究只在申报教改课题时有所涉猎，但大学更注重申报级别较高、科研经费较多的科研项目与课题，教改课题在其中的地位较低。而听课作为一种校本研修的主要方式，在大学多以“走形式、完成任务”的形态存在，“教而不知困”的状况导致大学教师很少具备“知困然后能自反”的专业发展精神。佐藤学强调“学校改革的中心在于课堂”，认为唯有从课堂教学层面的改革开始，才有可能创造新的课程和新的“学习共同体”。他提出要创造一所大家共同学习的学校，最难的不是学生，而是教师。教师要有一种开放的心态，打开教室的门，让所有的人进去学习。但严重的问题是，无论哪一所学校，这种共同学习的意识还非常淡薄，画地为牢的做法还较普遍，表现为校内研修形式化，缺乏魅力；教师之间缺乏凝聚力，而形成凝聚力的障碍是教室和学科之间的隔阂。所以，佐藤学建议通过教学和范例研究，以教学创造为核心，构建教师间切磋教学、相互学习的同事关系，在学校中形成作为创造教学专家共同成长的“同事性”。[①]

以上描述和阐释了在课堂教学时间内围绕教学活动展开的大学课堂生活，无论是提问与回答还是讲授，教学活动都应彰显交往的本真，将提问与回答作为一种自然而然的课堂教学行为，而不是作为考勤、成绩评定等的依据来约束学生的课堂行为；无论是讨论的课堂还是讲授的课堂，交往都应该渗透在课堂教学中，是师生课堂生活中悄然发生的、用心去体会和感悟的。但在调研期间，N 大学和 X 大学的课堂教学中出现的交往异化以及课堂教学中的“潜规则”发人深省，或许是有些教师还未了解课堂教学与个人发展之间的关系，还未在课堂中体会到交往带来的价值，还未真正理解教育的真谛。

① 钟启泉.课堂改革：学校改革的中心——与日本佐藤学教授的对话.全球教育展望，2004 年 3 期，第 3-6 页；曾国华，于莉莉：专访佐藤学：“学习是相遇与对话”.中小学管理，2013 年 1 期，第 23-25 页

第七章

延伸至大学课堂外的教学活动与交往

第一节　“有去无回”的大学作业

作为教学环节之一，作业在高等教育教学领域同样占有重要地位，是大学课堂生活的有机补充与延伸，同时也是体现教育交往的主要方面之一。通过作业，第一，可以促进学生巩固、理解、掌握和深化课堂教学中的所学内容。同时，教师对作业的反馈既是对学生学习成果的一种肯定，也能使学生发现自己学习过程中存在的问题与不足。这对激发学生学习兴趣，增强学生学习信心，提高学生学习效果与学习质量有一定的积极作用。第二，大学作业形式广泛、类型较多。大学与中小学的主要区别在于大学教学具有一定的学术性，所以，大学教师会布置一些带有研究性质的作业，如实验、研究设计、专题作业、课程论文及调查报告等，这类作业可以有效扩充大学生在课堂教学之外的知识领域，发挥促进、提高大学生提出问题、分析问题并尝试解决问题等能力的作用。同时，做作业的过程也是学生情感、态度和价值观的融合过程。第三，教师对学生作业的批阅，一方面，可以使大学教师对学生的课堂学习进行初步评价；另一方面，也可检查、反思自己的教学，如通过学生作业状况合理调整自己的教学思路与设计，促进教学质量的提高。因此，作业作为课堂生活的延续，不是一个单一的任务型“文本”，而是一个承载了多种信息，体现了多元功能的“复合体”，是师生交往的主要平台。

然而，无论是形式、过程抑或是内容，大学作业的现状却不容乐观。有学者以重庆市 25 所不同学制、不同类型的 3266 名高校在校生为调查对象，了解重庆市大学生的作业情况及对作业的态度、教师批改作业的情况及对作业的态度等现状。调查结果显示，有 66.14%的大学生表示能按时完成作业，其中认为自己能认真完成作业的学生只占 43.12%，对作业态度不认真的学生所占比例较高；大学一年级学生完成作业的情况好于其他年级，大学三年级学生的作业情况最差。同时，调查结果显示，认为“教师批改作业态度认真、评阅质量高”的 581 名学生中，认为自己能按时完成作业的有 76.1%，能按时且能认真完成作业的学生占 67%；认为自己不能认真完成作业的仅有 2.6%，不能按时完成作业的有 1.9%。而认为“教师批改作业的态度不认真、评阅质量不高”的 443 名学生中，认为自己依旧能按时完成作业的比例下降到 60.4%，能按时且能认真完成作业的比例降到 40.9%；认为自己不能认真完成作业的比例有了大幅度上升，达 12.2%，不能按时完成作业的学生比例上升到 5.8%。[①]可见，教师能否及时对学生的作业做出反馈在一定程度上影响了学生做作业的积极性，并且教师评阅学生作业的态度与学生作业态度成正比。

调研过程中，N 大学的学生对作业也有很多自己的看法。

N 大学教育学院大一的男生 L 说：比起中学，我觉得大学作业少多了。上周“近代史”（学生对中国近现代史纲要课程的简称）课的老师布置了一个作业，需要我们去图书馆或网上查资料才能完成，我为做好这个作业忙了一周了。我觉得比起中学反复做题那样的作业，这种作业更有意思。[②]

N 大学化学化工学院大三的男生 F 说：我是理科生，平时作业比较多。但我觉得有些作业有必要，有些作业完全没必要。例如，大一时，有个老师对平时的课后作业看得比较重，交上去的作业都会发下来，老师会给我们认真地批改，哪里错了会用红笔标注，错的较多的题，课堂上老师会再做重点讲解，这样的作业我觉得有必要做。渐渐地，我们交上去的作业，有的发下来发现是老师的研究生给批阅的，有的直接就不发，再有就是直接写个“阅”字，不管对与错，老师也不做任何反馈，我觉得像这样的作业就没有必要做。现在大三了，同学们都摸到老师看作业的套路了。平时作业多数是抄答案交上去的，甚至有时就是全班复制一个人的，只要这个人做错了，那全班人的也错了，老师就写一个“阅”字，再发下来，每次都这样，我觉得这样的作业真的没必要做！像你说的课程论文之类的这种作业也会有，但这种作业也只是交上去而已，老师很

① 都沙，周瑜，祝晓宏：重庆市高校学生作业现状调查.重庆大学学报（社会科学版），2001 年 4 期，第 132-135，140 页

② 摘自 201×年 4 月 21 日学生访谈记录。

少反馈。所以，多数同学是从网上复制粘贴的，稍加修改或者都不修改就交上去了，基本上不会认真去做。我们只知道它是平时成绩的一项，只管交作业而不在意它的质量有多高。[①]

N 大学人文学院大三的女生 Z 说：我们有个写作课，每两周要交一次作文，老师批改后都会发下来，然后说一说优点和缺点。我觉得这对于提高我们的写作能力帮助挺大的。但一般只有小班课老师会给一些作业反馈，大班课的老师基本上没有，也不可能。比如我们上学期有个教育研究方法课，作业较多，老师也挺认真负责的，但批改 3 个班作业的工作量太大了，所以老师就让学生之间互相批改作业，我们三个班同学互相都不怎么熟，所以就都捡好话说，夸他做得“好”“认真”之类的，其实就是应付差事，而且有些专业性的东西，学生也不太懂，所以还是老师点评比较好。[②]

在 X 大学进行的“通过‘小纸条’向大学教师提出教学建议”的匿名调查中，两个班 81 位同学中提到作业方面建议的有 4 个：

X 大学文学院一位大二的女生写道：老师收取学生作业后，应当向学生及时说明作业的质量，如优点及不足，以及如何改正；教师给学生平时成绩，应该公平、公正、公开，而不应该给班干部额外的不合理的照顾。

另一位 X 大学文学院大二的女生写道：有些课的作业上交后再没有发给我们，也不知道老师是否批改了。

X 大学物理与电子工程学院一位大二的男生写道：有些专业课教师从来不发我们的作业，所以我们自己也不知道哪些是不会的，不清楚的题应该怎么做。希望老师及时批改并讲解作业。

X 大学历史文化学院一位大一的男生写道：布置作业时，老师应考虑到其有效性是否与所利用时间相符合。

2006 年 9 月，英国高等教育质量保证署发布了《高等教育学术质量和标准保

① 摘自 201×年 5 月 2 日学生访谈记录。

② 摘自 201×年 4 月 24 日学生访谈记录。

证的实践准则第六部分：学生评价（第二版）》，要求高校的评价工作要促进学生学习、推动学生进步，而在不增加评价负担的方式下，给学生提供适当和及时的反馈。该文件认为，高校教师应该在所有类型的评价中给学生提供充分的、建设性和及时的反馈，并且就作业评价提出一系列要求：“第一，在学习过程中的适当时间以及在学生完成一项评价任务后，尽快地提供反馈；第二，详细说明学生能够期待的反馈的性质和程度范围，以及反馈是否连同评价作业一起返回；第三，返回作业中意见的有效使用，包括对预期学习结果和评价标准的相关反馈，以帮助学生识别可以改善的地方，嘉奖他们的成就；第四，不论是在团体或个体基础上，口头反馈的作用都是作为书面反馈方式的补充或替代；第五，在模块和课程中提供指南，指出哪些地方教师对学生作业继续提供反馈不再是合适的。”[①]施良方先生认为，（家庭）作业是课堂教学评价的有效策略之一[②]，提出作业的布置不仅要关注量，更要关注质，并就如何布置（家庭）作业提出了七条建议，其中就提出要“尽快批改作业并给学生反馈”[③]。目前，大学作业存在的最突出问题是，教师布置的作业，学生做了，教师也收取了，但很多大学教师并未将对作业的评价信息及时地反馈给学生，课堂上也很少对作业进行点评，或者不做任何形式的反馈。多数教师只做简单的批阅，如划“√”“×”，或写个“阅”字，或只写个日期（图 7-1）。大学中带有学术性色彩的课程论文或调查报告等也以文件形式统一装订封面后（附录 6），收归至教师的教学文件档案或学院档案室。大学作业基本停留在学生“做”的层面，学生在此中仅仅扮演被动接受教师评价的角色，学生和教师之间的“作业交往”变为没有情感的符号，即便有简短的文字评语，也是以教学管理为目的陈放在档案室里。学生做作业的过程与教师对作业的简单评价只注重了作业本身的客观性，而忽视了人的主观作用，师生缺少对作业的情感投入。如此一来，大学教师不认真评阅作业和不及时反馈作业信息与大学生不认真对待作业，或作业抄袭行为愈演愈烈之间就构成了恶性循环，大学作业失去了其应有之义，交往的意蕴在大学作业中并未实现。

---

① 转引自胡锋吉，季旭峰：高校学生课程作业评价研究.比较教育研究，2010 年 1 期，第 34-38 页

② 施良方先生在其著作《教学理论——课堂教学的原理、策略与研究》一书中将作业称为是“家庭作业”，而近年来，很多研究中将二者统称为“作业”，在高校也无“家庭作业”的叫法，所以本书将教师布置的需要在课堂教学时间之外完成的所有作业统一指称为“作业”。

③ 施良方，崔允漷主编：教学理论——课堂教学的原理、策略与研究.上海：华东师范大学出版社，1999 年，第 363 页

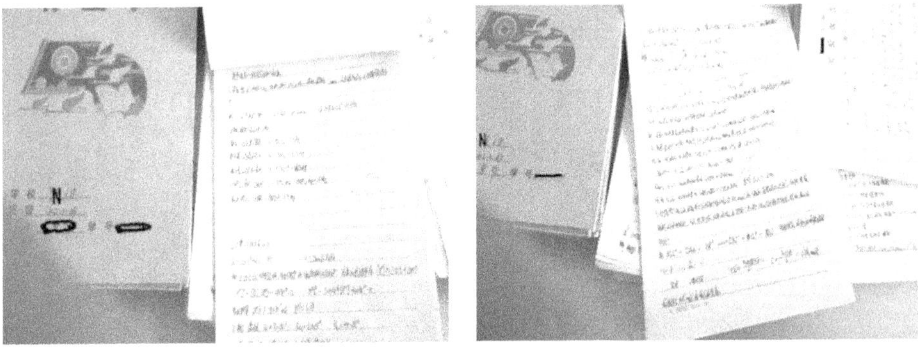

（a）　　　　　　　　　　　　　　　　（b）

图 7-1　大学作业批阅

在大学教育教学实践中，以作业为媒介是师生间能够实现日常化、一对一交往的主要途径之一。作业作为大学课堂生活的延伸，教师不能将其定位为巩固知识或完成任务的工具，而要以学生的成长和发展为最高目标，使作业成为培养大学生自主探究和反思的主要渠道，提高大学生做作业过程中的思维能力和创新能力，教师要通过布置作业及对作业的反馈为学生提供一种个体与知识的“相遇”和“融合”的情境，使作业也成为知识与能力“再生产”的平台，让师生在作业交往中有思维碰撞，在作业交流与沟通中产生智慧。

第二节　走样的大学考试

学期或者学年末课程结束时，对学生进行学业考核与评价是教学的最后一个基本环节，也是延续至大学课堂之外的最后一个教学活动。对于学生来说，促进其学习能力的提高是考试的主要目的，考试“不仅是对学生知识及能力水平的考查，也是对其心理健康发展和意志品质的考验”[①]。同时，考试也是评价大学教师课堂教学活动和学校教学工作的重要方法，是实现“以考促教、以考促管、以考促改”的主要手段。大学考试有多种形式，课程类型、主持考试者、考试对象不同，考试的目的、内容和组织方式也不同，并发挥着不同的作用。

那么，大学的考试形式和内容的现状如何呢？调研期间，N 大学化学化工学

① 王后雄：论教育考试的功能性缺陷与价值冲突.华东师范大学学报（教育科学版），2008 年 1 期，第 47-57 页

院大三的一位女生认为，目前的大学考试是名符其实的“傻瓜考试”。[①]

我：上大学快三年了，想请你说说你对大学课堂的看法。

学生 Z：说实话，挺失望的！很多课都是为了应付考试，而这种考试就是背、背、背！

我（有点疑惑）：理科也有很多要背的吗？

学生 Z：太多了，几乎都是。所以，我觉得这个大学就是“傻瓜考试”！

我：“傻瓜考试”？

学生 Z（声音变高）：对！就是考记忆力的，谁的记忆力好，谁就考得好！

（话语落下时，声音也变低了，她的眼神中充满了失望。）

自进入大学学习至任教的这些年中，我经历的大学考试也很多。在学生时代，类似学生 Z 说的这种以“背”的方式来迎接考试、应付考试的事自己也遇到很多，很多课程的学习最后基本都以这样的方式来考核与评价，以机械记忆的方式留在大脑中的一切所学在考试结束后几乎全部“还”给了老师。我参加工作后，以教师身份面对大学考试时，又遭遇了很多尴尬。例如，师范类学生的教育类必修课程被要求集体备课，统一教学大纲，最后从试题库（共 10 套试卷，且每套试卷之间的重复率不能超出 25%）中抽题进行闭卷考试。这样的考试方式在很多大学普遍存在，但这不但违背了考试的本意，还不符合学生学习及教师教学的初衷，大学考试陷入极端的应试考试的误区，主要表现在三个方面：第一，考试目的歪曲化。考试成为学生能否升级、毕业和评奖评优的主要依据。同时，因为大学课程一般是一学期就结束了，很多课程的前后衔接不如中小学紧密，考试结束意味着这门课程的学习也就此结束。大学教师所做的试卷分析只是为了完成管理部门对教师教学文档的一个任务和要求。所以，考试结束后，大学教师与学生之间除了一个数字结论外，不会有其他形式的反馈。很多大学生将考试视为得到分数，获得学分，最终获取证书的一种方式。第二，考试内容片面化。很多的大学考试内容以课本或教材为范围，以考核知识点为主，且考前大多数教师会给学生划重点，从而也导致出现学生平时学习不认真、不踏实，考前突击背重点、背答案等

① 摘自 201×年 5 月 6 日学生访谈记录。

现象，助长了部分学生投机取巧的惰性思想。很多大学生表示，自己的学习能力在进入大学后出现倒退现象。第三，考试形式单一化。目前，很多大学的考试多以闭卷理论性考试为主，考试题型中选择、填空、判断等客观性试题所占的分数比例较高，论述、简答、分析、设计等考查学生思维及创新能力的主观性试题所占的分数比例较低。同时，对于试卷，学校根据本科教学评估中的相关规定，要求命题教师做出标准答案，列出给分点，且要求阅卷时要标示出每一个给分点。“学什么，考什么”的考试最终导致了“考什么，教什么，考什么，学什么”的课堂教学取向，并形成恶性循环。很多任课教师几乎围绕考试的知识点来组织课堂教学，多数大学生也围绕考试来应对自己的学习，课堂生活演变为知识点罗列和演示的场域，丰富、复杂、变动不居的课堂生活成为完成考试任务和准备完成考试任务的舞台。课堂生活在不知不觉或是无可奈何中陷入了“为考试而教、为考试而学”的泥潭，没有了教师和学生的交往，大学课堂生活失去了生命活力。

考试是把“双刃剑”，如果其正面作用发挥得当，可以成为促进教育发展不可或缺的助力；反之，则是教育发展的最大障碍。那么如何改革大学考试使之成为教育发展的助力？这里列举了国外大学在考试方面的改革。

在国外，很多大学教师逐渐把对学生的评价视为一种教育手段，而不仅是对学生学业的最后检验和检测。例如，美国俄亥俄州立大学课程成绩的评定一般由课内与课外、笔头与口头、理论与实践、过程与结果等各类型成绩组成，具体分为课堂参与、班级测试、问题与案例、课后作业和课堂写作练习、首次期中考、第二次期中考、第三次期中考、期末考试等。各学科课程性质不同、类型不同，成绩评定的各项取舍标准和权重也不同。这里以美国俄亥俄州立大学的一些课程为例来说明（表 7-1）。[①]

表 7-1　美国俄亥俄州立大学课程成绩评定构成　单位：%

课程评定	国内与国际金融市场	商业管理	城市计划管理	电子工程材料导论
课堂参与	10	5	10	—
班级测试	—	10	—	—
问题与案例	40	10	—	—
首次期中考试	—	20	25	17.5
第二次期中考试	—	20	#	17.5

① 王慧：别用高分讨好学生.麦可思研究，2014 年 1 期，第 38-40 页

续表

课程评定	国内与国际金融市场	商业管理	城市计划管理	电子工程材料导论
第三次期中考试	—	—	—	17.5
期末考试	40	35	25	30
课后作业与课堂写作练习	10	—	40	17.5

美国高等教育及学生成绩的评定秉承着“教学是一种过程，追求的不是终极产品”的教育理念。在课堂教学过程中，教师非常重视其中的每一个细节，重视每一位学生在学习过程中的进步与提高。以学生课程学习评定为例，我们看到，每一门课程的评定方式和各个因素的权重都各有不同，对学生的考核是贯穿在整个课程学习过程中的，而不仅仅是由书面式的考试来做最终的评定。这样的评定方式更能督促学生注重平时的学习与积累，教师在教学中也可根据课程性质、学生学习情况及个人擅长的教学方法对考试进行改革，让考试这个课堂教学的延伸活动与课堂的其他教学活动之间进行有效的交往，使之形成相互促进、相得益彰的良性循环，从而达成“以考促学、以考促教”的目的，使大学考试成为素质教育的主阵地，最终让课堂生活的主体——教师与学生都能得到成长与发展。

第八章

大学课堂生活重构

通过案例描述与分析，可以发现大学课堂生活中存在一些问题，同时，大学管理层、一些大学教师与学生以其行动改变着其中的一些陋习与痼疾，享受着他们美好的大学课堂生活，但这并不意味着对大学课堂生活的研究已近尾声。研究的目的并不在于呈现问题和解释问题，而在于解决问题。为此，本书还需要讨论如何重构大学课堂生活的问题，并以此为基础在教育实践中以行动实现理想的大学课堂生活。

第一节 重视交往

有学者认为，马克思的交往观强调“交往本身具有目的性”，即“只有人将交往作为人的丰富的本质力量自我占有和展现时，交往才真正成为人的一种需要和享受，才达到了自由创造与人类和谐的统一”[①]。但在现实中的大学课堂，交往常以异化形式存在，大学要从各个层面促进大学师生实现真正的交往，促进他们的成长和发展。

一、创设适于大学师生自由交往的课堂环境

交往是发生在人与人之间的活动，一定的媒介有助于它更好的实现。交往发生过程中所借助的媒介不是单一的，教室中的各个文本都可以在师生富有创造性的使用过程中成为促进交往发生的载体，教室中的物质设备就扮演着这样一种重要的角色。但是，由前面所述可知，由于对物资设备所蕴含的丰富的交往功能的遮蔽，大学课堂生活中的一些物资设备阻碍或抑制了教师和学生的自由交往和充

① 丁立群：交往、实践与人的全面发展.哲学研究，1992 年 7 期，第 10-15 页

分发展。例如，固定一体的大学课桌椅是目前很多大学普通教室桌椅的基本设计形式，这样的物理空间更倾向于以讲授法为主的大学课堂教学，更适合大学师生间的单向式交往，固定的课桌椅在某种程度上使大学教学形式单一化，使交往被物质所限制。

同时，在大学教师和学生眼中，教室只是一个单一的物化存在，教室内部的环境布置被忽略，很多大学的教室基本"徒有四壁"，大学及大学师生并未对其潜在的育人资源进行挖掘。大学教室中的多媒体设备本是丰富大学教学手段的媒介之一，师生可以利用其图、文、声、色等多种功能实现课堂教学内容与现代多媒体技术的完美结合。但在现实中，多样化、多功能的多媒体设备只单一地显现了"演播"文字的功能，交往媒介仅充当了毫无创造力和生命力的工具。物质作为交往媒介的本质被扭曲，而生活于其中的教师与学生也在限制和工具意识中变为"异化者"或"被异化者"。

海德格尔认为，人是交往的产物，人只有在交往中才能成其为人，交往是人存在的方式。[①]大学阶段是人生的关键期，其间的交往及其质量对于个体以后的发展具有十分重要的影响。所以，大学要重视交往在"育人""成人"中的重要作用，在不同层面为大学课堂更好地实现理想的交往创造条件。从学校层面来说，要从物质建设方面为交往的开展提供保障。大学可以充分挖掘教室中潜在的课程资源。例如，对教室课桌椅进行合理设计，使之成为促进师生、生生自由交往的媒介。另外，精心布置的教室内部环境可以发挥"学校文化墙"的作用，用来表达学校的办学追求和教育教学的价值取向，这面"学校文化墙"既可以介绍大学教师的学术历程和研究成果，也可以发挥学生的主动性和能动性，展示学生的创新课题、社团活动、各种作品等。教室内部的环境布置作为正式课程的辅助与补充，可以化身为"能说话""能助学"的"教育者"，以物质载体的方式无声地影响大学生，促进大学生的成长和发展。

二、消解大学课堂生活的功利性

"交往意味着参与交往的对象乐于积极地接纳对方，并倾吐自我，在相互接受与倾吐的过程中实现精神的相遇、相通。"[②]但大学课堂生活中却存在一些只为获取成绩或完成任务的充满功利色彩的交往形态。要消除这种功利意识，大学首先

① [德]海德格尔著，陈嘉映，王庆节译：存在与时间.北京：生活·读书·新知三联书店，1987 年，第 146 页

② 刘铁芳：走向生活的教育哲学.长沙：湖南师范大学出版社，2005 年，第 124 页

要从制度上为大学师生实现真正的交往提供保障。同时，大学教师和学生作为主体性的人，应在交往中充分发挥人的主体性，“主体性的人是具有主动性、自主性和创造性的人。人的主体性既是人的本质体现，也是人的价值追求，是人在实践中建构和发展的”[①]。所以，作为具有主体性的大学师生要尊重并在交往实践中建构人的主体性。不同主体在课堂生活的交流与共享中形成丰富的资源，学习一切有利于发展自己和完善自己的多样化的内容。

第二节　回归生活世界

课堂作为教育世界中的主要场域，在胡塞尔的哲学范畴中属于科学世界，但它以日常生活世界为本源，教育的价值和意义终归要回到生活世界才能体现出来。本书认为，大学课堂生活是大学教师和大学生以交往为核心共同构建的“学习共同体”，在这个共同体中，师生的日常生活是基底，专业学习是核心，社会生活是源泉。“学习共同体”中的师生在不同文本的相互作用、相互影响下共同成长和发展，共建学校美好生活。但现实中，狭隘的专业意识遮蔽了丰富的大学课堂生活，大学教师以专业为刚性边界，单一的专业知识与专业技能的授受几乎统占了大学师生课堂生活的全部。

一、让大学师生成为“相识者”

本书中的很多案例揭示了大学师生、师师间的陌生感。例如，布满灰尘却无人问津的讲桌、课堂中空间距离越来越远的师生、教师在课堂上的站位、鲜见的大学师生课前互问礼，还有现实中存在的教师叫不上学生名字，学生记不住老师，大学教师间关系淡薄等现象，日常生活中的师生情、同事义在大学场域中逐渐消弭。这其中有大学教学比较特殊的客观原因，但大学刚性的专业边界是主要原因。在科研唯一、专业唯上的理念的指导下，大学教师“醉心”于自己的科研，课题、项目占据了大学教师的生活世界，大学师生成为课后校园中的“陌路人”。

二、还课堂生活世界本真

专业性与学术性是大学区别于中小学的两个主要性质。大学承担着人才培养、

① 郝文武：师生主体间性建构的哲学基础和实践策略.北京师范大学学报（社会科学版），2005 年 4 期，第 15-21 页

知识创新、社会服务和文化传承的重要职责，对于大学而言，这些职责都要通过大学教师的努力去完成。但在以往的体制下，科研在大多数大学教师的生活中占据重要的地位，是大学衡量教师水平和社会考量大学水平的重要指标。对科研的倚重产生了狭隘的专业视域及“专业世界”唯上的观念，结果曲解了生活世界的本真，导致大学忘却了作为学校的基本性质，大学课堂也违背了基本的教育教学规律。例如，“学什么，考什么”的大学期末考试导致了“考什么，教什么”的教学取向和“怎么考，怎么学”的学习取向。流于形式的大学教师听课和“同行莫入”的观念，使大学教师局限于自己的“专业世界”，而忽略了同事间的相互交往与学习对教师个人发展的助推作用。学术至上、科研至上的观念与评价体制使大学忘却了其学校性质，大学教师也似乎忘记了自己的教师身份，而倾心于“专业世界”的研究中。大学教师与学生在“专业世界”中狭隘地生活，并形成了恶性循环。

然而，学术与教学并不冲突。美国学者博耶在《学术反思：教授的工作重点》的专题报告中对学术的内涵进行了重新划分和界定。博耶认为，研究并不是大学唯一的学术形式，并依据大学的职能和学术的使命，提出学术包括四个不同但又相互联系的方面：探究的学术、整合的学术、应用的学术和教学的学术。其中，教学的学术是大学学术的基础，没有教学的支撑，学术的发展将难以为继。他强调本科生是学术共同体的当然成员。博耶在担任美国卡内基教学促进基金会主席期间，不遗余力地宣传和推广其思想，在一定程度上推动了美国大学教学学术理论的研究与实践。后来，舒尔曼在博耶的基础上升华了这一思想，提出了“教与学的学术”范式，认为教学学术既包括“教的学术”，也包括“学的学术”，教学学术是对教和学的问题的系统研究。[①]对教学与学术的追求是统一的，两者都是科研，并且教学与学术研究的完美结合也是教学相长的典范。所以，我们要确立“教学即学术”的大学理念，倡导大学教师在教学中做学术，让学术推动教学发展，让教学成为检验和创生学术的“摇篮”。

第三节　在行动中建构惯习

“惯习”是布迪厄场域理论中的一个重要概念，也是深受布迪厄青睐的一个观

① 转引自潘金林，龚放：走向多元学术：博耶的学术生态观及其实践意义.教育理论与实践，2010 年 6 期，第 16-19 页

点。布迪厄认为，“惯习就是生成策略的原则，这种原则能使行动者应付各种未被预见、变动不居的情境……惯习就是各种既持久存在而又可变更的性情倾向的一套系统，它通过将过去的各种经验结合在一起的方式，每时每刻都作为各种知觉、评判和行动的母体发挥其作用，从而有可能完成无限复杂多样的任务”[①]。他还认为，惯习可以超越无主体的客观哲学和主体性哲学，使行动者与世界处于有机的联系与建构之中。所以，惯习可以以某种大体上连贯一致的系统方式对场域的要求做出行动的回应。用布迪厄的场域理论观照交往视角下的大学课堂生活，可以发现，一些大学教师、学生和学校管理者正以其行动对大学课堂生活进行“静悄悄的革命”。

一、学校层面的“行动”

（一）教室的空间设计应为师生自由交往提供便利

近年来，各地高校力图从对教室空间的改革开始走出目前大学教学的困境。2007 年，北京大学从教室使用的现状出发，认为当前大学的教室设计对多种教学方法的灵活运用及教学效果有一定影响，教室设计应蕴含一定的教育理念。对此，北京大学对很多公共教室进行了重新设计，修建并改建了一些有益于课堂教学互动的讨论型教室、U 形教室和双投影幕教室。[②]

目前，国内外很多大学通过改变教室的硬件设备和软件设备来促进学生的主动学习。本节将介绍一些国内外大学在教室物理空间设计方面促进师生交互式学习的一些案例。

案例 1：投票式的课堂提问[③]

调研期间，我在 N 大学做教师访谈时，一位担任大学物理课教学的 Z 老师介绍，目前，她在教学过程中用到的一种教学辅助设备 Claker 是一个借助于计算机的互动设备，就像投票器一样，老师可以随堂出一个问题，学生可借助这种设备选出自己的答案，老师根据学生的答案了解学生对某个知识点的掌握情况。Z 老师认为，在当前大学教学改革大力

---

① [法]皮埃尔・布迪厄，[美]华康德著，李猛，李康译：实践与反思——反思社会学导引.北京：中央编译出版社，1998 年，第 19 页

② 汪琼：教室设计影响教学效果吗？中国教育网络，2009 年 6 期，第 64-65 页

③ 依据 201×年 4 月 27 日教师访谈记录整理。

压缩理论课教学时数的情况下，参与课堂提问的学生越来越少，而这种教学设备可以克服这种弊端。对于在信息时代长大的大学生来说，他们也希望在课堂上能利用先进的信息技术来促进其学习。

案例 2：通过改变教室空间布局设计，为学生交流创造条件[①]

美国物理教育改革项目为了使学生更好地理解物理教学环境和课程教材，建立了一个能够让学生充分合作，并在计算机技术支持下促进学生交互式主动学习的课堂环境——MIT 普通物理教室（图 8-1）。

从图 8-1 中可以看出，这个教室有 13 张圆形的桌子，每张桌子可以坐 9 位学生，这间教室可容纳 117 位学生。教室共有 13 个摄像头，类似于微格教室，每个摄像头可以分别录制每张桌子上的活动。教室的四周墙面上有多个投影幕布，各个幕布中间是白板。无论学生坐在教室的哪个位置，都能清楚地看到投影上展示的内容。教师的讲台在教室中间。

图 8-1 MIT 普通物理教室

在课堂教学中，学生每 3 人为一组，每组有 1 台笔记本电脑。课堂上学生可以用课程网站所提供的物理学科专用教学软件探究相关的物理原理。各小组可以在附近的白板前进行讨论，也可以将讨论或结果写在白板上，四周的白板就像一个公共思想库。教师可以根据教学需要在教

① 汪琼：教室设计影响教学效果吗？中国教育网络，2009 年 6 期，第 64-65 页

室巡回了解学生的学习情况，也可以利用电子教室管理功能，将学生机器的屏幕切换到全班机器上播放或者直接播放到四周的屏幕上。这样，MIT 普通物理教室就成为一个电子联网空间，能够最大限度地促进学生主动学习。

案例 3：百人大教室中的师生互动①

在百人以上的大教室中组织师生及生生间的多向互动是比较难的，尤其很多大学的百人大教室多为固定一体的桌椅。在国外，有些大学为了改变大教室师生互动中存在的这种弊端，用硬软件相结合的方法对教室进行了改建。

硬件方法。美国艾奥瓦州立大学的保利诺礼堂是百人以上的大教室，这间教室设计的创新之处在于每个台阶上有两排座位，前排座位可以在旋转 180° 后（图 8-2）华丽转身，马上变成与前排的座位面对面，便于教师组织讨论等多向的交往活动。

图 8-2　百人教室 180°旋转椅

软件方法。美国的一些大学在教室安装了即时反馈系统，来实现百人大教室的师生互动。它是一种采集投票数据的系统，类似于目前很多电视综艺节目中常用的观众投票系统。这种即时反馈系统与之前提到的 N 大学的 Z 老师所说的 Claker 有点相似。它可以随时吸引学生的注意力，

① 汪琼：教室设计影响教学效果吗？中国教育网络，2009 年 6 期，第 64-65 页

将学生从被动地听课引入主动的学习活动中，同时也有利于因材施教，并有效提高大型教室学习的交互性。例如，如果教师设置的问题是想了解学生的认识误区，根据投票结果，教师就可以知道学生就某个问题是否存在错误认识，错误比例有多高。教师可以根据这个数据来判断不同教学内容对学生学习的难易程度，并考虑是不是要花些时间对这个问题进行进一步的讨论或解释。即时反馈系统还可以告诉教师哪些人选了哪个选项，教师可以随机抽取某位同学来谈谈他的选择理由。该反馈系统也为教师进行教学研究提供了可能性，如研究不同教学方法的有效性。

以上介绍的这些案例是学校利用现代信息技术与教室中的物质设施进行合理整合，对大学教室进行的改革，以使教室物理空间内各种物质设施的设计成为促进课堂交往的有益推手，是学校层面为实现丰富、多彩并具有生命活力的大学课堂生活所做的物质手段方面的行动。

2018 年 10 月，《教育部关于加快建设高水平本科教育 全面提高人才培养能力的意见》发布，该意见再次提到大力推进智慧教室建设，并指出："推动课堂教学革命。以学生发展为中心，通过教学改革促进学习革命，积极推广小班化教学、混合式教学、翻转课堂，大力推进智慧教室建设，构建线上线下相结合的教学模式。因课制宜选择课堂教学方式方法，科学设计课程考核内容和方式，不断提高课堂教学质量。积极引导学生自我管理、主动学习，激发求知欲望，提高学习效率，提升自主学习能力。"该意见在各高校掀起了一场"教室革命"。北京师范大学公共资源服务中心设计并改造了教学 7 号楼的 7 间教室，将 4 号教学楼的原 4 间语音教室改为讨论教室，讨论教室的环形屏幕上可同时呈现 PPT、网页、学生作业，师生可以通过平板电脑提问与回答，甚至将来可通过手机、平板等移动设备在教室外完成课程。北京师范大学还对科技楼的 5 间机房进行了不同主题的改造。[①]N 大学为落实《国家教育事业发展"十三五"规划》精神，以"互联网+教育"试点高校为契机，利用假期对某校区一号教学楼进行了智慧教室立项建设，其间共改造 68 间教室，其中，57 间改造为常态录播互动教室，11 间改造为精品录播互动教室。智慧教室的建成，为教师利用信息技术提升教学水平、创新教学模式，利用翻转课堂、混合式教学等多种方式教学提供了条件。

---

① 多所高校完成"教室革命"，网友：都是别人家的学校. http://www.sohu.com/a/307894849-741845,（2019-04-14）

自夸美纽斯提出班级授课制以来，教室作为学校教育的基本教学空间也经历了一些改革和变化。传统的教室由黑板、讲台和课桌椅等基本教学物件构成，信息技术的发展使电脑、投影仪、电子白板等成为现代教室的必备教学物件。这些物件在教室中的空间关系隐含着课堂教学中师生、生生之间的人际关系，并在一定程度上传达着特定的师生观和教学价值观。所以，高校教室改革要避免改革的形式化，不应只看到教学物件的现代化，因为教室空间变化“不仅仅是重置教室空间中各个教学物件之间的器物关系，其实质是通过改变师生、生生之间的空间关系来改革他们之间的授知与求知方式，为师生双方创造共同的精神家园。从这个意义上说，空间即教育[①]”。

（二）通过大学教学制度创新，保障课堂生活交往的本真

教学是学校的中心工作。对于学校来说，教学制度是学校教学机构及其组织系统的运行规则，对教学的具体实施与评价具有重要的指导、监督和规范作用，是学校物质文化的载体，同时又反映着学校的精神文化。可以说，教学制度在学校发展中承担着“承上启下”的重任。对于教师和学生来说，教学制度是他们教与学之行为的准则。具体到大学课堂生活中，教学制度为大学师生提供了一套关于课堂上哪些行为是被允许和鼓励的，哪些行为是被禁止和排斥的准则。同时，它也为大学师生在课堂生活中的教学活动规定了一个空间和界限。“作为对教学关系的规范化，教学制度不仅对教学有重要的制约作用，同时，应当看到，任何一种教学制度的安排，都有某种价值前提，也都体现着某种教育哲学，教育理念是镶嵌在其中的。”[②]在这方面，一些大学已认识到了其重要性。例如，2014 年春季学期开学初，X 大学发布了有关课堂教学规范和课堂纪律的通知，其中提到“教师教学中要注意启发思维、传授方法、讲清重点、讲透难点，科学地使用多媒体教学手段”；“尊重学生的提问和发言，引导学生课堂讨论，不发表与教学内容无关和错误的言论，不浪费学生的学习时间”；“教师应精选适度数量和适当难度的作业，留给学生在课后规定的时间内独立完成，及时批阅并返还学生”；“教师和学生课前要致‘互问礼’，上课要关闭手机等通信工具。上课期间不得接听电话、收发短信、会客，不得随意离开教室”；“学生上课要认真听课，不交头接耳，不吃东西，不做与课堂教学无关的事情；要积极参与课堂讨论，积极提问

① 熊和平，王硕：教室空间的建构及其对课堂教学改革的启示.教育发展研究，2017 年 15 期，第 25-30 页

② 刘旭东：论教学制度创新与学校文化重建.教育理论与实践，2004 年 9 期，第 45-49 页

或发言，配合教师搞好教学，认真完成教师布置的教学任务”等，这些规范为促进大学师生在大学课堂生活中实现真正的交往提供了制度保障。

（三）深化教学改革，使大学课堂生活不再是学生“在场”的遗憾

N大学马克思主义学院针对目前大学生“专业课认真听，选修课随便听，‘两课’不想听”的实际情况，对全校本科生的通识课程进行了以“体验生活实践，心灵产生共鸣”为主旨的教学改革。[①]教改小组的教师团队结合自己的教学实践和体验，通过对学生调查和个人教学情况进行分析比照，认为处于信息时代的大学生具有思维敏捷、观念新、求知欲强等优点，但同时又具有耐挫力差、意志力弱、合作性差等弱点。教改团队成员认为存在后者的根本原因是学生正确认识社会、人生和适应社会的能力有限，而这正是“两课”教学的根本任务，所以“两课”教学要立足于学生的真实基础，在教学中发挥其教育作用和培养功能，在帮助和引导学生解决他们面临的现实问题的过程中树立正确的世界观、人生观和价值观。所以，经过多次研讨，该学院制订了“两课”课堂教学改革的总方针：哲学课形象化，凸显方法论；毛概课史论化，史论结合，以论显史；邓论课（邓小平理论课的简称）案例化，结合改革开放的成果，使之情景化，模真化；政经课（政治经济学课的简称）实证化，用原理来诠释生活；思想品德课生活化，使学生在具体生活中养成德行。并且该学院实施了教材案例化和教学案例化的改革。具体的教学实施过程为：由全院承担“两课”课程教学任务的教师根据个人研究方向和学术专长组建教学团队，并以专题形式进行走班制教学。以“毛概课”为例，由该学院5—6位老师组成“毛概课”课程教学团队，共同承担这门课程的教学任务，每位教师根据个人学术专长来承担其中的1—2个专题，并按照教学团队对各专题、课时及时间安排，轮流承担N大学本科三年级学生“毛概课”的教学任务，课程最后以开卷方式考试，考试题为5—6个材料分析题。经过多年的实践探索，N大学“专长+专题+开卷考试”的“两课”教学改革取得了良好的效果。“两课”成为深受学生欢迎的课程之一，并且有几位老师在学生中留下了深刻印象，也是访谈中学生提及较多、评价较好的老师，相信这样的课堂生活不再是学生“在场”的遗憾。

① 材料来源于虎小军：体悟生活实践，产生心灵共鸣——宁夏大学“两课”教改纪实.中国教育报，2005-07-22及N大学马克思主义学院“两课”教改方面的资料与成果。

二、教师层面的“行动”

谢弗勒曾说：人类行为的最大特征是“人类行为受其意图、信念以及符号所调节。信念对人类行为提供一种目的论的解释，目标、意图或愿望是对人类行为的目的论解释……任何行动的执行总是伴随着人们期望中的某一结果”[①]。同样，教师的课堂教学行为及实践活动也受其所认同的教育价值观的支配，并且教师会根据他所认同的教育价值观的目标与行为关系的理解，付诸与之相适应的行动，这个过程就是布迪厄所说的“惯习”的建构。在大学，有一些教师作为“先行者”以行动来建构惯习，引领大学课堂教育教学改革，构建理想的大学课堂生活。

前面内容曾以教室和发生在课堂中的教学活动为主线“深描”了 N 大学 Z 老师和她的学生的课堂生活，我们看到 Z 老师与学生在课堂上呈现出的是一种自在的课堂行为，交往贯穿于教师的教与学生的学的全过程。那么，当这样的教学活动延伸至课堂之外时，会呈现出一种什么样的结果？与 Z 老师的课间访谈时，笔者迫不及待地问了这个问题。[②]

我：Z 老师，您这个课最后会以什么样的方式进行期末考试或结课呢？

Z 老师：我本来打算让他们做咨询，但觉得他们还没达到那种程度。考虑到他们以后可能会到学校去当心理健康老师，那他们一定要做讲座，所以我想让他们根据不同年龄段学生的心理问题，分析其背后的家庭教育存在的问题、原因并提出解决方法。这个家庭教育讲座的对象可以是幼儿园的家长也可以是初中或高中的家长，这是作为一位心理健康教师必备的一项基本功。如果这个讲座讲得好了，那么学生到一线学校任职后就可以有效地开展这个讲座，家长向学校咨询家庭教育方面的情况就会少一些，等于起了一个大面积的预防作用。所以，我今年打算进行这样的一个改革。

我：学生知道了吧？

Z 老师：他们已经知道了。

---

① [美]伊斯雷尔·谢弗勒著，石中英，涂元玲译：人类的潜能——一项教育哲学的研究.上海：华东师范大学出版社，2006 年，第 16-17 页

② 摘自 201×年 5 月 14 日教师访谈记录。

我：那最后是以什么形式进行？

Z 老师：他们先去做 PPT，然后自己在业余时间去讲，最后到学校微格教室去录制，这样就能保证上课时间不被占用了。

我：那他们是每组做一个？

Z 老师：不是，每个人做一个，先在小组内讲，如果大家都觉得讲得不错再去微格教室录制，最后刻成光盘给我，这个就是考试。

我：Z 老师，您可真是想了很多办法啊！

Z 老师：那怎么办呢？我就觉得要让他们在做中学，不做就学不会。不想我们的学生当老师后不会做 PPT，不会讲课，所以我就让他们做这样的训练。

我：嗯，这是一次尝试，他们第二次再做时就会有一些经验了。

Z 老师：对，他们知道怎么去选题，怎么去收集素材，怎么去做课件，怎么去讲。

我：那上一届学生期末时是怎么做的？

Z 老师：每两人一对做咨询，也是在微格教室录制。

我：您这是不断在改革啊！

Z 老师：嗯，一直都在尝试做一些改革，前几年是排心理剧，排心理剧就是人比较多，后来不排了是因为我发现有一些学生有惰性，积极的学生做的事情多，得到了锻炼，有的学生比较被动，在里面起不到什么作用。但最后是一组一个成绩，他就跟别人"搭便车"了，我想尽可能避免这种情况。所以，这次就是让他们自己来做。有一个要求就是不能重复，全班每个同学之间都不能重复。

我：那就必须是学生自己做，哪怕是选题一样，但最后做出来的东西肯定不一样。

Z 老师：是的，肯定是不一样的。

从以上访谈中，我们可以看到，Z 老师在对她所担任的课不断地进行调整、改革与创新。Z 老师设计的这种以做家庭教育讲座来进行课程考核的方式对于学生来说是非常有意义的，是对自我的一种挑战。这种考核方式将学生平时所学与最后的评价结合在一起，是对学生一学年学习的一个自我总结与展示。并且，这种方式可以算是学生在毕业后做相关工作的一个前期练习。虽然我没有看到这种考试最后的结果和效果如何，但我内心却深信学生会努力去做好它，并在做的过程中得到新的成长。

写到这里，对这个课的描述终于可以画上句号了。这个案例是本书描述相对较完整的一个课堂生活的“写真”，我和这些孩子一样，对 Z 老师及她的课感受很深。同时，Z 老师和她的课堂对于我更是一个比照，无论是在观课还是访谈中，我一直不断地在反思自己的教学，寻找可以改变和能够改变的地方，也希望我自己和我的学生都能在课堂生活中得到成长和发展。

叶澜认为，“教师不是一个简单的知识传递者，教师是一个创造者。教师和学生一起创造每一天的学校生活，在为学生的未来生活作创造，也是教师自身生命的创造与发展”[①]。我们看到大学中不乏这样的“创造者”，如前面提到的称学生为“老师”的大学教师，以小组竞赛形式进行课堂提问与回答的教师，以让学生做“讲座”的形式进行大学考试改革的教师，等等。大学教师以其行动通过不断的探究、改革，来提升大学课堂生活质量。正如刘旭东所说：“生活以探究为内在动力，教育也以探究为本性，处于变化中的教育时时刻刻需要应对所面临的形形色色的问题，以卓有成效地支持生活，舍此，不仅生活的探究本性无以展现，而且生活的品质也因为没有了探究而难以获得提升。”[②]

三、大学生提高学习的主动性与自觉性

作为主体的人，大学中的每一个人都应立足于自身，在行动中重构大学课堂生活。有学者提出：“美好生活是人通过自由自觉的生活实践来实现一种总体上满意的生活状态和生活秩序，它既是在‘美好’理念下创造的真实生活，又指向无限的可能性生活。”[③]而我们的生活“如果是人类行动能力所能够实现的，那么它就是一种可能生活”[④]。大学生作为课堂生活中最具能动性的主体，要提高学习的主动性和自觉性，在与教师及其他同学的对话、交流、争辩中去思考、去书写、去创造，即在不同形式的交往中成长和发展。

调研期间，在与学生的访谈中，笔者经常会问他们：“你心目中理想的大学是什么样的？”学生对这个问题的回答中饱含了很多的期望，他们希望在大学有更

① 叶澜，王厥轩，韩艳梅：教师的魅力在于创造.上海教育，2013 年 16 期，第 32-36 页

② 刘旭东：回到原点：论教育的学术传统.教育研究，2013 年 8 期，第 10-15，47 页

③ 杨进：论美好生活与学校教育.长春：东北师范大学博士学位论文，2009 年，第 41 页

④ 赵汀阳：论可能生活——一种关于幸福和公正的理论（修订版）.北京：中国人民大学出版社，2010 年，第 22 页

多的收获，并愿意为之付出自己的努力。但是对大学课堂、大学教师甚至大学很多方面的不如意让一些大学生感到失望、茫然，很多学生表示进入大学后，自己的学习能力呈现出倒退的现象。然而，也有一些学生意识到大学学习的责任重在自己，要不断寻找新的路径，实现自我成长与发展。笔者在 X 大学调研期间，机缘巧合遇到了这样一位学生 W（女），她的大学经历体现了行动的魅力，下面以这个女孩 W 的口吻讲述她的大学故事。[①]

> 毕业前，总会被问道："你在大学期间最快乐的是什么？"回答的时候我脑子里会立刻闪出大三以来以"听课生"身份，混在××学院一群学弟学妹中上课的情景。
>
> 20××年，我从一个县城中学考入 X 大学外国语学院的日语专业。上大学以来，每天除了上课就是背着一本厚厚的大字典上自习。上课时，老师先带着我们读几遍单词，然后解释一下课文，有时再布置些习题，一节课就结束了。下课后，找个无人的地方大声读课文、背单词，背会了，就吃饭、睡觉。回到宿舍，打开电脑，就打开与日语有关的电影，不喜欢也没关系，只要是讲日语的就行。每天都是这样，背单词、背课文、练听力成为我课堂内外的主要生活。比我大不了几岁的年轻老师，一节课基本不用汉语，从头到尾也不说一句上课以外的话。有些老师甚至是冷冰冰的，课后校园中我们与她打招呼问好，她却对我们不理不睬，几次"碰壁"后，我们再看到她时也绕路避着走。那会我就觉得，上大学的意义就在于考级，无限制的考级——日语一、二级，英语四、六级。
>
> 在这样的节奏中，两年的大学生活过去了，除了日语，我什么都不会。图书馆没去过几次，一上网就知道看日语的电影，音乐也仅限在日语歌曲。我也没有参加过学校运动会、各种演讲比赛等。选择选修课的时候，我们有一种导向，那就是看"性比价"：这门课容易过，与专业有点关系，我们就选；没关系，而且不"实用"，就不选。那时候，我就像个机器，除日语之外没有其他的兴趣爱好。后来，觉得这样不行，大活人怎么能过得跟个机器一样呢？我要改变这样的生活。

---

① 根据与学生 W 的多次面谈、电话、短信、QQ、电子邮件等交谈记录整理。

之后，没课时我就经常去学校×号楼转，哪个教室有课我就跟着听。听的几乎都是选修课，各种各样的选修课。听多了就发现，上课回答问题多、见多识广的学生多半是人文学院、历史文化学院、教育学院和心理学院的。那时候，我就觉得这些学院该是多么自由与全面的学院啊！这些学院的学生怎么什么都知道，我得去看看。然后自己没课的时候就去蹭课，蹭了两三周后，我喜欢上了××学院老师的课，决定没课时就混进这些老师的课堂去听课。现在想想我也挺勇敢的，只要教室门开着，有座位，就敢进去跟着听。当然也非常感谢××学院的老师与同学，从来没有因为我是“陌生人”把我“请”出去。蹭听了一年多后，原本就爱积极参与课堂学习的我在他们的课上越来越“放肆”，明明自己是“听课生”，却高调地坐在离老师最近的第一排，而且还拼命回答老师提出的问题。学院的一些老师也挺好，不批评、不打压，还乐呵呵地夸我“外院”的竟然会回答。甚至有位老师还给我与那个班同学一样的机会，让我上讲台讲一个专题，我既紧张又兴奋，课后连忙查资料，做 PPT，当我忐忑不安地汇报完我的学习结果后，老师表扬了我，还鼓励我继续努力。混听了一年多，我成为那个班上的“同学”，毕业前他们还欢送我，到现在我还一直和他们联系着。而那些老师中有我一辈子都不会忘记的老师。那段时光，估计是我大学里最值得怀念的时光。

在这些对我来说是“非专业”的课上，我学会了去图书馆看书，找资料；学会了上网浏览新闻；学会了参加运动会，锻炼身体；看电影和听音乐也不再局限于日语电影和日语歌曲。其中一些课堂很精彩，但最精彩的是这些老师、同学。这样的课堂改变了我的生活，把我从一个“机器人”变成了一个有血有肉的大活人。我就像一个饥寒交迫了很久的孩子，在这些课堂上贪婪地汲取营养，我力图去记下老师说的每一句话，记住之后再细细地咀嚼。特别是“××”课，一周就上两节，每次课老师只讲 20 分钟，其余时间都是学生讲或大家讨论，但老师的话，甚至同学的精彩发言我都用小本子记着，也用心记着，课后我至少要花一周的时间慢慢去品味，而营养，我觉得可以供一辈子。

大四第二学期时，我决定必须在这再“混”几年，光听听怎么能够呢？所以下决心去考这个学院的研究生，希望在更长的时间里，在这样的大学课堂去学习。

学生 W 以自己的行动改变了她的大学生活，或者说改变了她以后的发展方向。201×年，她通过了研究生考试，三年的硕士学习，除课程学习外，她还积极主动地参加学术沙龙、研究生学术论坛等，发表自己的学术观点。现如今她回到老家，在当地的教育行业依旧努力奋进，继续进行着她不一样的生活。

美国政治哲学家汉娜·阿伦特将人类活动分为劳动、工作（制作）和行动三种形式，并且每一种形式对应了人生活的一种基本境况。她认为，“劳动是与人身体的生物过程相应的活动，身体自发的生长、新陈代谢和最终的衰亡，都要依靠劳动产出和输入生命过程的生存必需品”①。劳动呈现了人作为自然性的一种存在，对应的是人的生存境况。“工作提供了一个完全不同于自然环境的‘人造’事物世界。每一个人都居住在这个世界之内，但这个世界本身却注定要超越他们所有的人而长久地存在。”②工作可以制作物品，是人存在的非自然性活动，对应的是人的“世界性”境况。“行动是唯一不需要以物或事为中介的，直接在人们之间进行的活动。”③行动致力于创建和维护，行动是新的开端诞生的内在力，对应的是人的“复数性”境况。只有通过行动，人才能摆脱自身与“人造世界”的有限境况，以创造、创建的方式过一种积极的生活。“在这一创新的意义上，行动的要素内含在所有人类活动之中。”④这三种活动形式也对应了现实教育中人的境况。人只有将教育纳入行动中，才不会使教育沦为可统一复制的劳动和制作活动。所以，大学需要“从不同层面进行‘学习转向’，从领导能力、教师专业发展、学习成果应用、学习知识、学习参与支持和环境改造、教学管理等多方面推动‘学习转向’”⑤。理想的大学课堂生活和美好的大学生活的构建，需要生活于其中的承担不同角色的人——大学教师、大学生和大学管理者，通过自由、自觉的交往与行动，以实践来印证教育即交往的本质属性，体现交往视角下大学课堂生活所承载的教育理念，让教育回到原点——育人、成人。

在调研过程中，无论是课堂观察还是与学生和教师的访谈，笔者常常被一些情境所触动，尤其是与学生的交流，他们从不避讳我，当我是一个倾听者，而倾听和叙述他们的故事，其实也是在体验我自己的生命。在本书的写作中，笔者力图“描述”交往视角下更多的大学课堂生活，但因为自己能力及精力所限，本书

---

① [美]汉娜·阿伦特著，王寅丽译：人的境况.上海：上海人民出版社，2009 年，第 1 页

② [美]汉娜·阿伦特著，王寅丽译：人的境况.上海：上海人民出版社，2009 年，第 1 页

③ [美]汉娜·阿伦特著，王寅丽译：人的境况.上海：上海人民出版社，2009 年，第 1 页

④ [美]汉娜·阿伦特著，王寅丽译：人的境况.上海：上海人民出版社，2009 年，第 2 页

⑤ 刘海燕：“以学生为中心的学习”：欧洲高等教育教学改革的核心命题.教育研究，2017 年 12 期，第 119-128 页

中还存在不足，尤其是在研究资料的收集和分析方面：第一，在课堂观察及案例中，文科类课程居多，理科类、工科类及艺术类课程较少。主要原因在于笔者结识的理科、艺术类和工科的大学教师较少，加之“同行莫入”的避讳，采集的这些学科领域案例很少。另外，有关理科课程的研究资料的整理和案例的形成对于文科背景的笔者来说，难度较大。第二，课堂生活场景基本选择在普通教室，普通教室之外及其他专门教室的教学案例缺失。第三，教师访谈较少。教师和学生及他们之间的各种活动共同组建了课堂生活，但研究中教师的声音较少。第四，研究方法使用中的伦理性问题。例如，有些课堂我并未征得任课教师的同意就悄悄潜入，在某种程度上是对任课教师的一种不尊重。还有些课是经同事或朋友介绍才有观课机会的，而我在本书中却对他们进行了批判，虽然在这样的案例写作中做了一些保密措施，但我内心总有一种不安与良心的谴责。

本书还未将交往视角下的大学课堂生活全部展现出来，这也是今后继续探索的方向。希望能与志同道合的学者就此问题有更多的对话，让交往促进我们一同成长和发展。

附　　录

附录 1　学生访谈提纲

（1）上大学前，你心目中的大学教师是什么样的？

（2）谈谈上大学前，你对大学课堂的认识。

（3）进入大学以来，有没有给你留下印象深刻的大学课堂？如果有，请具体谈一谈；如果没有，你觉得主要原因是什么？

（4）上课时，你喜欢坐在教室的哪个位置？不同的课（或不同老师的课）你的座位选择有不同吗？如果有，原因是什么？随着年级的升高，你的座位有变化吗？如果有，请说明原因？

（5）在课堂上，班里同学和任课教师有交往吗？如果有，主要的交往形式是什么？如果没有，你认为影响大学师生课堂交往的因素主要有哪些？

（6）在课堂上，你愿意和任课教师有交往吗？你更喜欢哪种交往形式？

（7）谈谈你对 PPT 教学的看法。

（8）你怎么看待大学作业？上交的作业，老师是否能及时反馈？

（9）你怎么看待大学考试？

（10）你对大学课堂还有哪些建议和意见？

附录 2　N 大学听课记录表

学院、级、专业、班		听课时间	
主讲教师		课程名称	
部门负责人		听课人数	
讲授的主要内容			
评价			
备注			

听课人：

附录 3　X 大学教学观摩听课记录表

<table>
<tr><td>课程名称</td><td colspan="3"></td><td colspan="3">主讲教师姓名</td><td colspan="3"></td></tr>
<tr><td>观摩地点</td><td colspan="3"></td><td colspan="3">课程开设学院</td><td colspan="3"></td></tr>
<tr><td>观摩时间</td><td colspan="3"></td><td colspan="3">课程类型</td><td colspan="3"></td></tr>
<tr><td>听课教师
所在单位</td><td></td><td>姓名</td><td></td><td>性别</td><td></td><td>年龄</td><td></td><td>职称</td><td></td></tr>
<tr><td colspan="10">听课教师感受、意见或建议：

听课人签名：
年　　月　　日</td></tr>
</table>

附录 4

N 大学×学院教学督导工作管理办法

（20××年 3 月）

为了加强教学管理，实现教学质量的有效监控，不断提高我院本科教学质量，结合我院教学督导工作实际情况，特制定本办法。

一、教学督导组的性质及组成

1. 教学督导组是学院教学质量监控体系的重要部分，在教学办领导下开展工作，并向院长和分管教学的副院长负责。

2. 教学督导组由身体健康、认真负责、办事公道、富有教学经验的离退休教授、副教授和在职教授、副教授组成，其成员由院党政领导推荐并征得本人同意后产生，由院颁发聘书，聘期为一年，期满可以续聘。

二、教学督导组的主要职责

1. 检查、督促全院各系教学管理工作及教学工作规程的落实情况。

2. 检查、诊断学院教学工作存在的问题，向学院领导和职能部门反馈教学工作信息，提出改进和加强教学工作的意见和措施。

3. 完成学院临时安排的各项督导任务。

三、教学督导组的主要活动

1. 听课。每学年外聘督导听课累计不少于 40 学时。听取学生对课程的意见，与任课教师进行交流，并对其进行必要的指导。同时要填写有关记录表，并将记录表报教学办备案。

2. 抽查。对教师的教学大纲、教案、教材、批改作业、教学课件、答疑等教学基本资料进行抽查。

3. 评估。依照学校本科教学评估要求，对学院每学期开出的课程（含实验课）的教学状态和全院教学管理工作进行评估，给出评估参考意见。

4. 调研。接受教学办委托，召开学生与教师座谈会，开展专题调研，提供调研报告。

5. 研究分析。接受教学办委托，对每年试卷和毕业论文进行抽查分析，提供分析报告；检查毕业论文的全过程，及时发现并向指导教师和教学办反馈存在的问题。

6. 提出意见和建议。对学院和各系的教学工作和教风、学风建设中好的经验及存在问题，提出改进和加强的意见和建议。

7. 总结与反馈。每学期各系督导要写出督导工作进展小结，年底组长对一年的督导工作进行总结，提供总结报告，督导组个人也可随时向教学办反映问题和个人意见。

四、教学督导组行为准则

1. 深刻理解国家的教育宗旨，热爱教育事业，发扬奉献精神，克尽监督、指导之责。

2. 认真学习国家有关的法律、法规和方针、政策，增强依法治教观念，提高督导水平；

3. 钻研教育理论，熟悉教育管理工作，掌握教育督导与评估的理论、方法和技术，探求教育规律，支持教育改革，促进教育发展，在工作中精益求精；

4. 为人正派、办事公道。对违反教学规程和学校教学规章制度的行为态度明确，及时制止、纠正或引导解决；

5. 深入基层，深入群众，了解实情，实事求是。对被督导单位的评价客观公正，言之有据。提出的督导建议中肯、确切；

6. 作风民主，对人热情、坦诚，尊重被督导单位，与相关部门密切配合，团结协作，热心为学校服务。

7. 督导员工作期间一般应佩戴胸卡，全院任课教师要积极支持、配合教学督导组的各项工作。

附录 5

X 大学教学督导委员会工作条例（修订稿）

（20××年 12 月 2 日校教学督导委员会全体委员会议通过）

X 发〔20××〕30 号

一、教学督导工作的性质和任务

教学督导是对我校的教学工作，尤其是本科教学工作进行全面监督、检查和指导，确保学校有关教学政策、规定、措施的贯彻执行和教学质量目标的实现，总结推广教学工作的经验，推动学校教学改革的深入发展。

二、教学督导的实施机构

我校教学督导通过成立校教学督导委员会和学院教学督导小组实施。教学督导委员会由校长负责，聘任若干委员组成。教学督导委员每届任期三年，可根据工作需要和本人具体情况延聘或提前解聘。教学督导委员会下设文、理两个督导组，办公室设在教务处教学科。学院教学督导小组组长由本学院的主管教学院长担任，相应学院的校教学督导委员担任副组长，组员由学院聘任。

三、教学督导委员会的职责

1. 学习国家有关教育理论及政策法规，不断提高教学督导水平，制定教学督导工作的方针、政策、规章制度、计划和指导方案；

2. 对学校专业建设、课程建设、教材建设、教学管理等提出咨询意见，列席学校和被督导单位有关教学方面的会议；

3. 深入教学第一线，对被督导工作单位进行现场调查研究，要求被督导单位提供与督导事项有关的文件并汇报工作，为领导在教学管理及教学改革方面的决策提供参考意见，当好顾问；

4. 参加学校本科教学质量评估和教学检查工作；

5. 参与学校评优晋职和评奖等工作，对有关教师的教学工作实事求是地提出评价意见；

6. 委员会完成督导任务后，应向学校有关部门和校长及被督导的教学单位和教师报告督导结果，提出意见和建议，必要时可向全校公布；

7. 总结推广教学督导工作经验，开展教学督导工作研究；

8. 定期召开主任委员会议、全体委员会议。主任及组长会议每月一次，全体委员会议一学期一到两次；

9. 任何教学单位和教师不得拒绝、干扰教学督导委员会的正常工作。

四、教学督导委员的条件

1. 坚持改革开放，忠诚党的教育事业；

2. 熟悉有关教学的政策、措施，有较高的政策水平；

3. 具有副教授以上的职称或同等职称，有多年从事教学工作的经历和丰富的教学工作经验，熟悉教学业务；

4. 深入实际，联系群众，遵纪守法，作风正派，办事公道，敢说真话，严于律己，实事求是；

5. 热心于教学督导工作，能积极发现并勇于接受教育改革中产生的新事物，推动我校教学管理和教学改革的深入发展。

20××年3月14日

附录 6

学号________ 姓名________ 班级________

N 大学期末考试（查）试卷

________ 学年第________ 学期

科目________ 学分________ 学院________ 年级________

专业________ 任课教师________ 类型 课程论文

	总分
得分	
评阅人	

论文选题：

1. 以“××”为选题范围，自选小主题写作。
2. 选题宜小不宜大。

论文写作要求：

1. 论文主要内容应包括论文题目、班级、姓名、中文摘要、关键词、正文、参考文献等内容。
2. 论文结构完整、严谨，条理分明；内容充实，材料翔实、有力；观点新颖、明确，语言通顺。
3. 对所引用的中外文参考文献资料，须注明资料来源和出处，如作者、书名（引用期刊的注明文章名）、文献代码、出版单位、时间；引用其他参考材料也应注明资料来源，严禁抄袭。
4. 论文字数在 3000 字以上。

评语：

教师签名：

年　　月　　日

后　　记

叶澜老师曾说："如果你是教师，你的生命就跟学生联系在一起。"我认为这种联系就是通过交往实现的。自踏进学校，我们每个人都在与老师、同学的交往中一步步走过，我亦如此。在多年的求学与工作经历中，课堂生活成为我生命中不可或缺的主要部分，在与老师、同学、学生的交往中，我学会学习、学会合作、学会做人。本书是一个学术探讨，也是这些年我个人在不同的身份转换中，对所经历的大学课堂生活的感悟。调研中，我尽可能多途径地收集资料，并在写作中尝试展现、表达不同交往层面和形态下的大学课堂生活，力图揭示其背后承载的教育理念。由于个人学术能力有限，本书中还存在一些不足之处，教学与学术的交往将成为我今后教师生涯的主线，继续指引我在"智力的探险""生活的探险"中付诸行动，并不断去完善它。

本书是在我博士学位论文的基础上经再修改和完善完成的。在西北师范大学的 10 年中，恩师刘旭东教授不嫌学生愚钝，无论是在学习上，还是在日常工作中，老师都会细心、耐心地给予我指导和帮助。从本书的选题、研究目的、研究思路、研究方法、内容框架的确定到走进"田野"收集资料，再到写作思路、理论观点至最后的成稿，老师都细致地、一稿一稿地指出修改意见及建议，让我受益匪浅，行文的字里行间凝聚了老师的心血、智慧与期待。老师渊博的学识、严谨的治学中又不乏激情、睿智、幽默和平易近人，无论是做学问还是做人，老师将是我前行的指针。

本书中的很多观点的形成，得益于西北师范大学教育学院诸位导师直接或间接的交流。衷心感谢胡德海先生和李定仁先生的授业、解惑，愿两位老师健康长寿；衷心感谢王嘉毅教授、万明钢教授、王鉴教授、张学强教授、王兆璟教授、周爱保教授、李瑾瑜教授、焦瑶光教授、凌茜教授、李朝东教授、王金元教授、王宗礼教授等师长的教诲。同时也感谢亦师亦友的李泽林老师、常正霞老师、王秀珍老师、薛伟平老师、李晓华老师、许邦兴老师、武启云老师、尤伟老师、刘历红老师、景浩荣老师、邢燕燕老师给予的关照，珍惜与你们的相遇、相识。

在本书的成书过程中，宁夏大学的诸位领导与同事给予了我很多的关心与帮助，尤其在调研期间，曾祥岚教授、王安全教授、张轶炳教授、陈琼老师、梁占华老师、王惠惠老师、李磊老师、田耕老师、杨桂芳老师、晋晓勇老师等提供了很多帮助与支持，还有诸多接受访谈的可爱的学生们，感谢你们！

本书的完成得益于与师门诸多师兄（弟）、师姐（妹）的相遇、相识。非常感谢吴原博士、谭月娥博士、高小强博士、吴银银博士和师妹乔茂凤在写作过程中对我的鼎力支持，你们的无私帮助让我坚持走到了本书终稿之时；感谢研究路上给予关心与帮助的张善鑫博士、苏向荣博士、魏鑫女士和张敏女士；还要感谢一起走过的同门：刘炎欣、吴永胜、陈旭、李丽花、黄巧玲、杨恩泽、刘倩楠、刘洋、闫凤玉等，以及有缘结识于师门的郑春晶、魏荣国等。感谢好友龙红芝、叶蓓蓓、李冰、孙丽华、赵秀清、郭思含、魏坤、黄非非、刘沛如、陈富、刘鹏、郭俊奇、王太军、慕宝龙、贾巍、燕慧、许芳、邱芳婷等，一起讨论、给予修改建议和鼓励的日子中结下的情意将永远长青。

感谢生命中相遇的师长与朋友们，真诚地在这里说一声：认识你们，真好！

家是永远的港湾。感谢父母、公婆、伯伯、姨妈、兄嫂、姐姐、姐夫等长辈给予的很多关心与支持，特别感谢爱人王莅和爱子王嗣尧对我的疼爱、理解与鼓励，多年的家庭角色缺位亏欠家人太多，但你们的守护一直是我奋进的动力。

感谢科学出版社教育与心理分社付艳社长、苏利德编辑、卢淼编辑和黄雪雯编辑对本书出版给予的大力支持。

因为热爱教师职业，因为喜欢与朝气蓬勃的大学生相处，大学课堂生活已然成为我生活的重要组成部分，我也在时时努力不让我的大学课堂生活成为阿仑特所说的“劳动”“工作”。与学术著作、学术论坛等的交往始终伴随，与学生各个层面的沟通交流一直未停，与同行之间的观课议课及课后的交流与个人反思是我进行教学改革的前提。未来的教学生活中依然会通过自由、自觉的交往，用行动践行和验证教育即交往的本质属性，追求大学课堂生活的本真是我生活世界的主旋律。

马　丽

作者简介

马丽

1977年出生，教育学博士，宁夏大学教育学院教师。近年来在《教育研究》等刊物发表文章数篇，主持和参与多项国家级、省部级等课题。荣获甘肃省哲学社会科学优秀成果二等奖、宁夏回族自治区教育人才工作课题研究一等奖、宁夏大学教学质量奖、宁夏大学教学成果奖等多项奖项。